目指せ！図工の達人

基礎・基本をおさえた 絵の指導

短時間指導編

松村 進・松村 陽子 著

明治図書

はじめに

読者の皆様へ

　一昨年の春に，左の書籍『目指せ！図工の達人　基礎・基本をおさえた絵の指導のコツ』を出版させていただきましたところ，多くの方にお読みいただき，驚きと感謝の気持ちでいっぱいです。

　さて，この度，明治図書様から，「読者の方から続編を望む声が多く寄せられていますが，いかがですか」というお話がありました。私たちみたいなものがと悩みながらも，その後の子どもたちへの指導から得たものや，前著で十分に記述できなかった部分をお伝えする機会になるかと考え，「続編」を出させていただくことになりました。

　技法や注意点などについては，前著に詳しく記しています。本書では，できる限り前著と内容が重ならないように努力しました。それだけに，本書のみをお持ちいただいている方には，理解しにくい部分があるかもしれません。できれば，前著と併せてお読みいただけたらと思います。

《本書で特に気を付けたこと》
① 前著で記述しきれなかったことを盛り込む。
② 学校現場の実状を考え，短時間でまとまった作品を仕上げる工夫について触れる。
③ 参考資料として，子どもたちの作品の写真や教材として使用したイラストをなるべく多く掲載する。
④ 学校ではあまり扱わない「切り絵」や「ステンシル」については，「切り絵は初めて」という子どもを対象に簡単なものを載せるのみにとどめた。

2014年4月　初版
松村陽子・松村進　著

2004年8月　初版
松村陽子　著

> 図工指導って何だろう

…前著で，私たちは「図工指導は人間教育でもある」とお伝えいたしました。そんな私たちの考えを育ててくれた経験談の一例を紹介いたします。

《陽子の経験より》

　小学校で図工の専科として指導していた時のことです。図工の時間に何もしようとしないで机につっぷしたまま，無理に描かせようとすると，画用紙を破ったり，新しい筆を折ってしまったりする5年生の児童（S児）がいました。何か悩みでもあるのかしら，と少し気がかりでした。

　そこで私は思いついて，「自分を守ってくれる守り本尊を描いてみよう！」という題材で授業をすることにしました。いろいろな仏像の資料を提示すると，S児が少し興味を示したので，「この大仏様の頭の丸いぶつぶつから描いてみようか？」と言うと，S児がフェルトペンで少し丸を描きました。「心のこもったいい線だね」とほめると，また少し描きました。私はその度に良いところを見つけてさりげなくほめ続けました。S児はとうとう最後まで描き切りました。私は，S児の絵も含めて4人の絵を黒板に貼り，「みなさんが一番気に入った絵について良いところを書いてください」と指示すると，なんとS児の作品についての感想が一番多かったのです。

　「線が生き生きしている」「この守り本尊はこの絵を描いた人を守ってくれそう」「上手だ。きっと将来絵描きになるだろう」等々。私はその感想のコピーを，「家に持って帰って，お家の人に見てもらってね」とS児に渡しました。その日からS児は絵を熱心に描くようになり，休み時間，放課後も図工室に来ては作品づくりに取り組みました。それは6年生になっても続きました。卒業式の日，見知らぬ女性が私に話しかけてきました。「S児の母です。お陰さまで，家でも図工を頑張るようになって……。今日の日を嬉しく迎えられました。本当にありがとうございました。」

　10年目のある日のこと，不意に電話がありました。「Sの母です。Sは美大へ行って展覧会で金賞をもらい，東京，大阪，京都で展示されることになりました。よかったら見てやってください」。教えてもらったインターネットのアドレスにアクセスすると，そこには自信に満ちた快活な笑顔の青年の姿がありました。

　1枚の絵の中の「ここが良い」を見つけることが，子どものその後の実りある人生につながることを改めて認識し，日々，〈ひだまり〉絵画教室での実践を続けています。

　最後に，本書の出版にあたり，企画，編集にご協力いただきました明治図書編集部の方々に厚く御礼申し上げます。

　2016年4月

山のふもとの創作館「ひだまり」　**松村　進・松村　陽子**

目　次

はじめに

I　絵　画　編

よく見て描こう				
	1	**線で描く（素描）**	全学年	8
	①	手を描く（一本線描法）		8
	②	靴を描こう		13
	③	籠を描こう		15
	◎	【資料】背景に入れる人物や生き物など		16

用具の上手な使い方				
	2	**パス・絵の具・筆の使い方の基本**	全学年	18
	①	パスについて	1〜3年	18
	②	絵の具について	4〜6年	20
		○　立体感を出す方法		20
		○　風景画の色づかい		22
	③	筆記具について		23

いろいろな絵を描こう				
	3	**生命あるものを描こう**	全学年	25
	①	春の花を描こう	全学年	26
	②	夏の花を描こう	全学年	28
	③	秋の花を描こう	全学年	30
	④	冬の花を描こう	全学年	31
	⑤	四季咲きの花を描こう	全学年	32
	⑥	メルヘンの世界	全学年	33
	⑦	絵を引き立たせる技法	1〜5年	34
	⑧	背景をグラデーションで表現する	4〜6年	35
	⑨	バックを黒にするとデザイン調になる	全学年	36
	⑩	花がたくさん集まると，目を見張る	全学年	37
	⑪	ちっぽけな花でも，よく見ると	全学年	38

⑫ 楽しい貼り絵（ちぎり絵）	1〜4年	39
⑬ でっかいぞ！ゴーヤ	全学年	40
⑭ のびろ！タケノコ	全学年	41
⑮ タケノコ掘り	全学年	44
⑯ 虫さん，大好き！	1〜3年	45
⑰ カタツムリさんどこいくの？	1〜3年	46
○ 夜のカタツムリさん，そして……	1〜3年	47
⑱ カニさん，カメさんおもしろポーズ	全学年	48
⑲ 魚を描こう	1〜4年	49
⑳ ネコ，大好き！	1〜3年	51
㉑ 鬼さん，いろいろ	1〜4年	52
○ 鬼をこらしめる	1〜3年	53
㉒ ぼくの恐竜	1〜2年	54
○ 恐竜いろいろ	1〜5年	55
㉓ 大きな木と遊ぼう！	1〜4年	56

ポスターを描こう

4 ポスターを描こう　　　全学年　57

① 人権ポスターを描く	全学年	57
② 防火ポスターを描く	全学年	59

Ⅱ 版画・切り絵編

紙版画

1 紙版画をしよう　　　1〜2年　62

○ 紙版画の原版を再利用して		63

切り絵から ステンシルへ

2 切り絵からステンシルへ　　　全学年　65

① はじめての切り絵	1〜3年	65
② 楽しい切り絵	3〜6年	66
③ 切り絵の下絵を作る	3〜6年	67
④ ステンシルに挑戦	5〜6年	68

| 一版多色刷り版画 | **3** | **一版多色刷り版画をしよう** | 3〜5年 | 69 |

① 上手な彫り方　　　　　　　　　　　　　　　　　　　　　　　69
② 下絵を毛筆（墨汁）で描く　　　　　　　　　　　3〜5年　　71
③ 一般多色版画の色刷り　　　　　　　　　　　　　　　　　　72
④ 子どもたちの作品（一例）　　　　　　　　　　　　　　　　73

| 木　版　画 | **4** | **木版画をしよう** | 5〜6年 | 74 |

① どの彫り方が好きですか　　　　　　　　　　　　　　　　　74
② 人物画の背景の例　　　　　　　　　　　　　　　　　　　　75
③ 人物を立体的に表現する（顔や衣服の影，筋肉の流れ）　　　77
④ 彫刻刀の使い方　　　　　　　　　　　　　　　　　　　　　78
⑤ 大きな口を開けて（叫んで！　びっくりして！）　　　　　　81
⑥ 麦わら帽子をかぶって遊ぶ　　　　　　　　　　　　　　　　83
⑦ 楽器を演奏する　　　　　　　　　　　　　　　　　　　　　84
⑧ 花と人間　　　　　　　　　　　　　　　　　　　　　　　　86
⑨ スポーツ・遊び・趣味　　　　　　　　　　　　　　　　　　88
⑩ 身近な動物　　　　　　　　　　　　　　　　　　　　　　　89
⑪ 地域の文化財　　　　　　　　　　　　　　　　　　　　　　91
⑫ 自由作品　　　　　　　　　　　　　　　　　　　　　　　　91
⑬ 少ない時間で木版画を制作するには　　　　　　　　　　　　92
◎【資料】「鉛筆カーボンコピー」ってご存知ですか　　　　　93

おわりに

I

絵画編

よく見て描こう　　　　　　　　　　　　　　　　　　全学年

1　線で描く（素描）

1　手を描く（一本線描法）

📖 前著P8～13を参照してください。

◎人物を描くことを苦手としている子どもは少なくありません。特に「手」などは，高学年でも難しく感じるようです。できれば低学年のうちから，少しずつ描く技術を身に付けさせ，抵抗感を取り除きたいと思います。

◎前著P13［一本線描法でかこう］に「練習カード」を記載しましたが，毎日，半紙4分の1程の大きさでよいので，家で，または授業の前5分間を使って描く練習をすると，めきめきと上達します。

◎本書では，改めて「描き方の基本」と「前著に載せていなかった作品例」を紹介します。

(1)　指を描く

［指導］
◎「爪」から描きましょう。
◎「関節」の部分は，盛り上がっています。
◎「しわ」は，太いしわを太めの線で，細いしわは細く描きます。

(2)　手を描く

［指導①］……全学年
①親指の「爪」から描きます。
②「人差し指」→「中指」→「薬指」→「小指」と描いていきます。
③全体の輪郭線を描きます。
④太いしわと，細いしわを描きます。

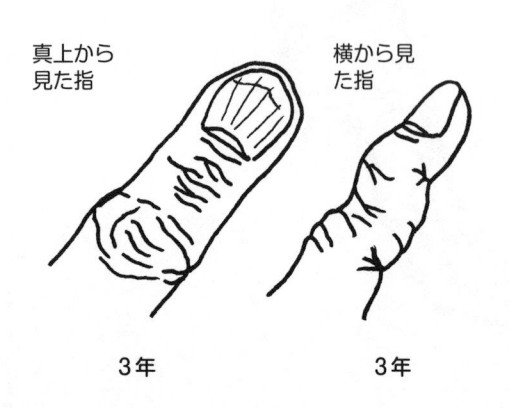

真上から見た指　　横から見た指

3年　　3年　　5年　　5年

[指導②] ……高学年
《手のひらを描く》
①円を描き，5本の指を線で描きます。
・親指の位置に注意しましょう。
②5本の指のそれぞれの長さ，指の関節と関節の間の長さに気を配ります。
・関節の位置と，しわの形をよく見て描きましょう。

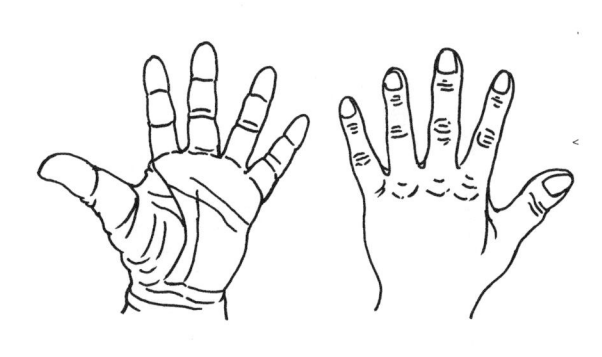

(3) ○○を持つ手

[指導]
◎物と触れ合っている指から描き始めます。

「びんを持つ手」
5年

「カッターナイフを持つ手」
5年

(4) 手⇨腕⇨袖

[指導]
①指先→手全体へと描き進めます。
②袖口や衣服のしわをよく観察して丁寧に描き込みます。
③腕が見えている時は，腕の太さや形，角度に気を付けます。

4年

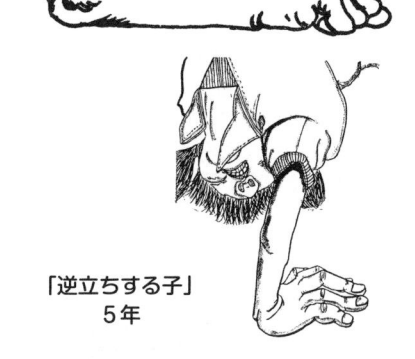

「逆立ちする子」
5年

(5) 顔を描く

[指導]
◎その時の表情によって描き始める所は違ってきます。特徴のある部分から描くのがよいのです。例えば，顔を大きくそらして上を向いている時は，鼻の穴から描き始めます。目を見開いている場合は，鏡で目の様子をよく観察しながら，目から描いていきます。

📖前著では「大きな口を開けた顔」の例として「のどちんこ」から描く手法を紹介しています。

(6) 髪の毛を描く

※子どもたちは，指導がないとマンガやイラスト風の右図のように描いてしまいます。

[指導]
◎髪の毛は，頭頂部の旋毛（つむじ）から分かれています。
◎髪の毛の流れに沿って描くようにしましょう。

「自画像」5年

(7) 腰（半ズボンの場合）を描く

[指導①]
①「ゴム編み」の部分から描き始めます。
②ズボンの「しわ」を，よく観察して丁寧に描き込みましょう。

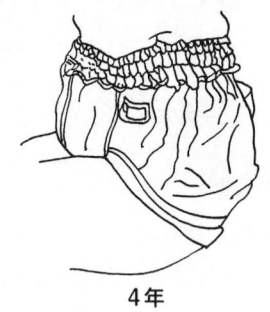

4年

[指導②]
◎腰から足先まで描きます。

4年

(8) 上半身を描く

《例：考えている姿》

[指導]
◎鏡を見ながら自分を描く場合と，友達にポーズをとってもらって，交代で描く場合とがあります。
◎顔に触れている手から描きましょう。
◎頭の一部が画用紙からはみ出すぐらいに描くと迫力が感じられます。

6年

6年

(9) いろいろなポーズをスケッチしよう

[指導]

◎動きのあるポーズを取り入れた「自画像」は，鏡を見ながらでは描きにくいので，友達同士でお互いにモデルになり合うとよいでしょう。

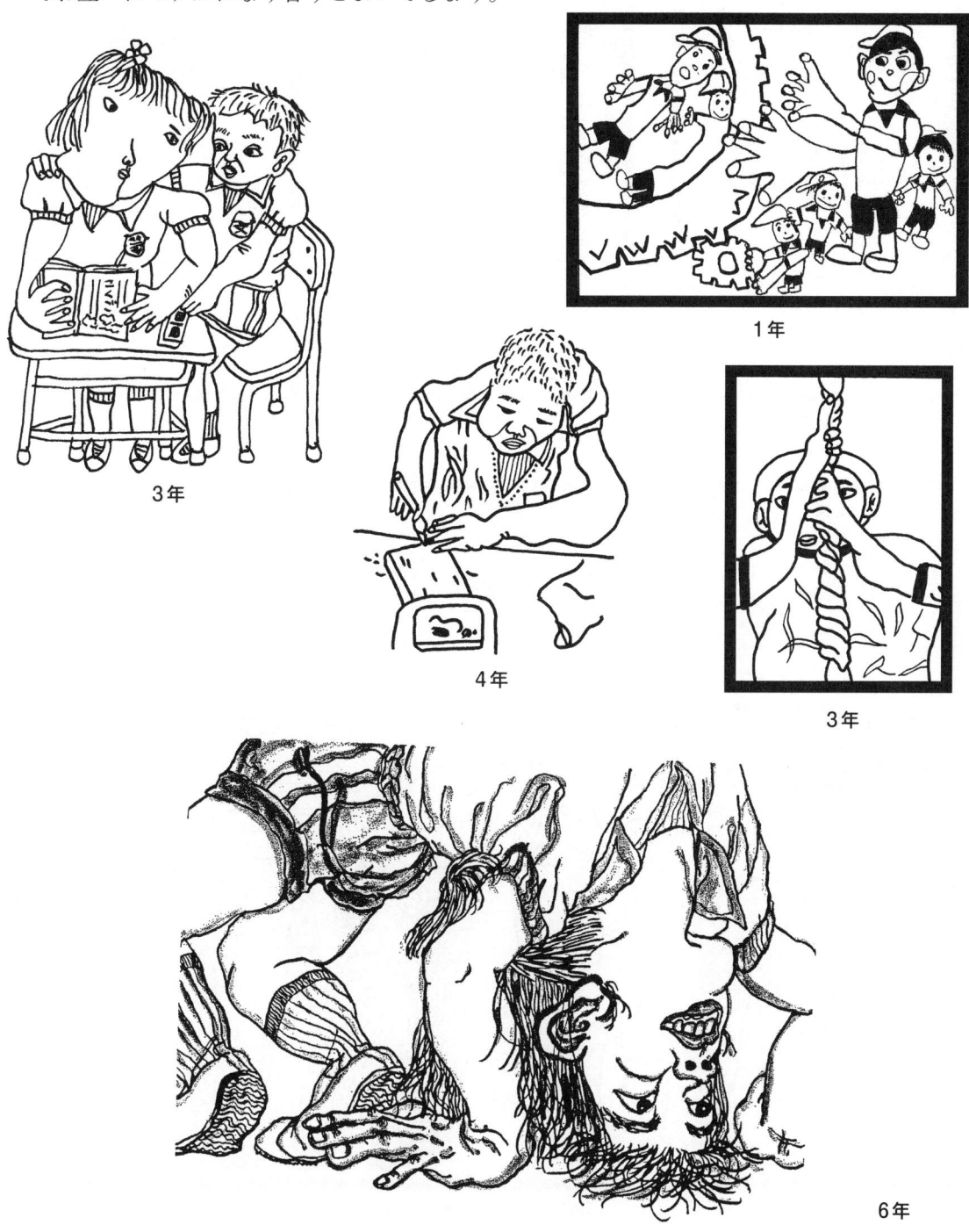

3年

1年

4年

3年

6年

I 絵画編 11

⑽ 楽器とぼく・わたし

[指導]

◎楽器を持つ手から描きましょう。

6年　　　　　5年　　　　　6年

「ボンゴと小人たち」　5年

2 靴を描こう

[指導①]

◎「ひもの結び目」など，どこか一点に目をつけて，そこから隣へ隣へと描いていきます。片方の靴が描けたら，もう片方の靴を重ねるように描きます。

※「靴の作品」はすべて5年生のものです。

※運動靴はよい画題になります。

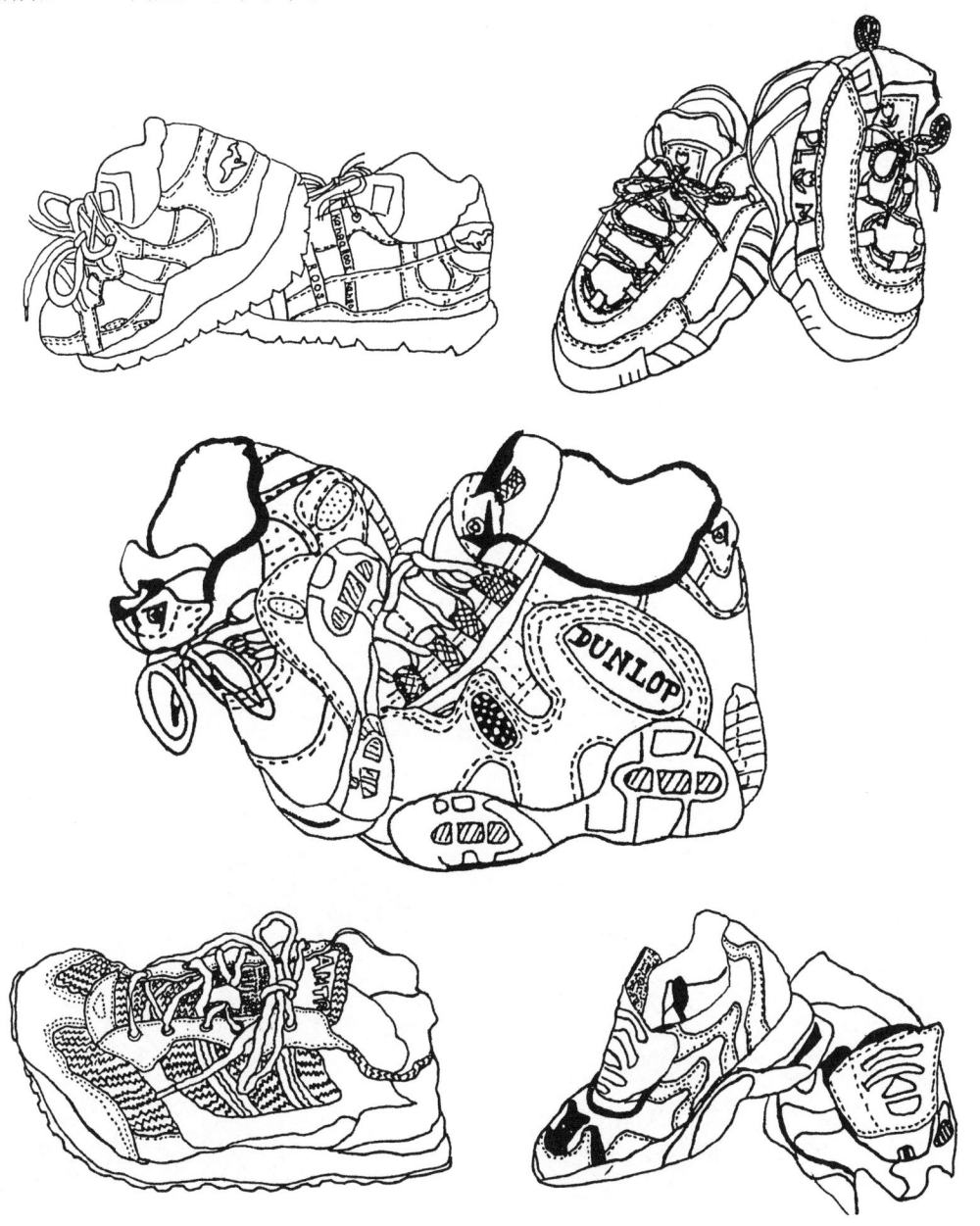

Ⅰ 絵画編 13

［指導②］

◎靴の周りに小人を描き入れました。写実とメルヘンの世界が一つに溶け合って独特の雰囲気をつくり上げます。

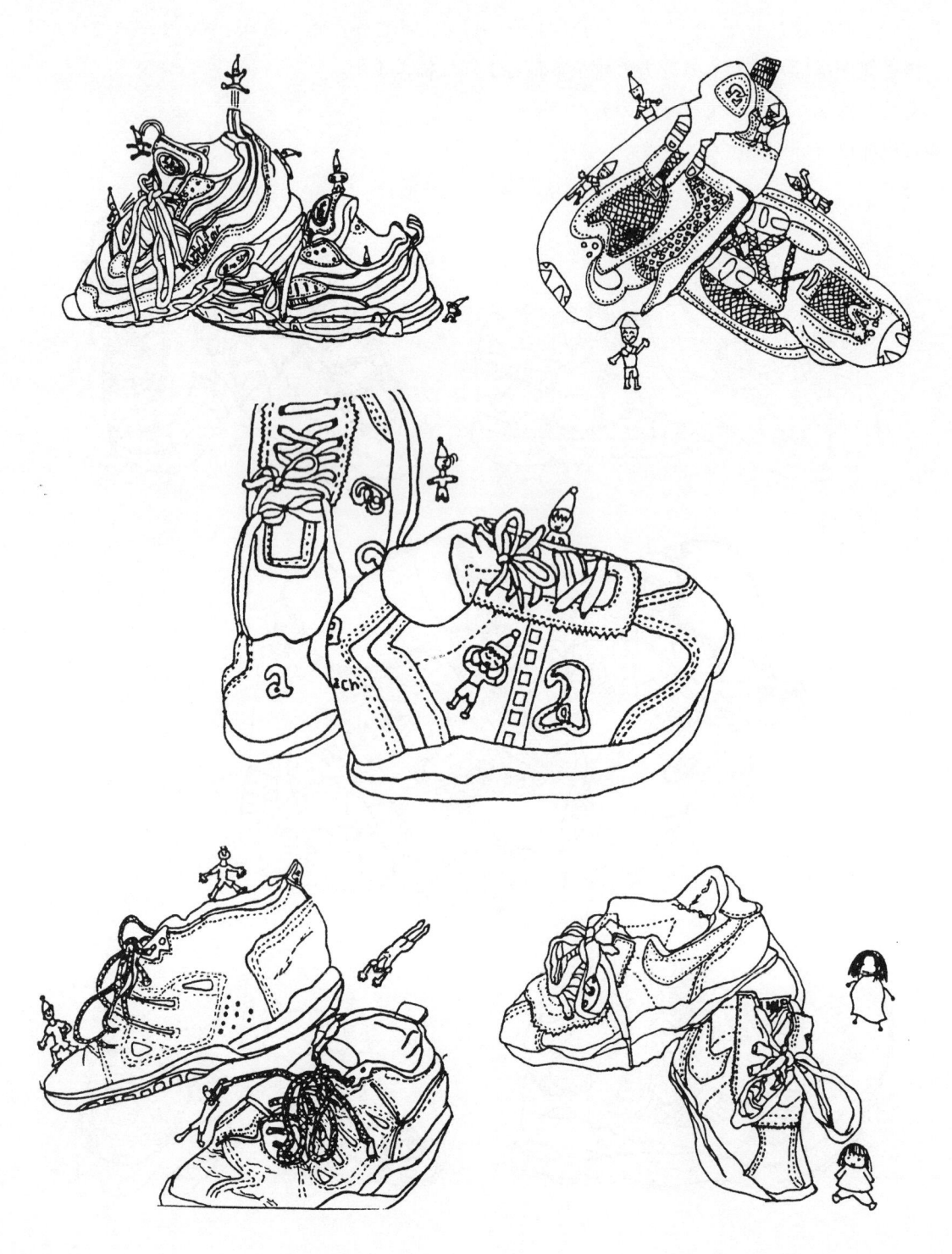

3 籠を描こう

◎「観察力」と「根気」の必要な題材ですが,「観て描く力」がつきます。
◎ここに載せた作品は,子どもたちが自分で創った「紙の籠」です。広告紙を紙縒り状（くるくる棒）にしたものを編んで作りました。それだけに,もともと歪みの多い籠です。自分で作った籠には愛着があるので,描く意欲がより高まります。
　もちろん,市販されている「籠」や「ざる」も題材としてふさわしいと思います。

[指導]
◎気に入ったところから描き始め,隣へ隣へと広げて描いていきます。
◎観察：描画＝8：2くらいの意識で取り組みます。

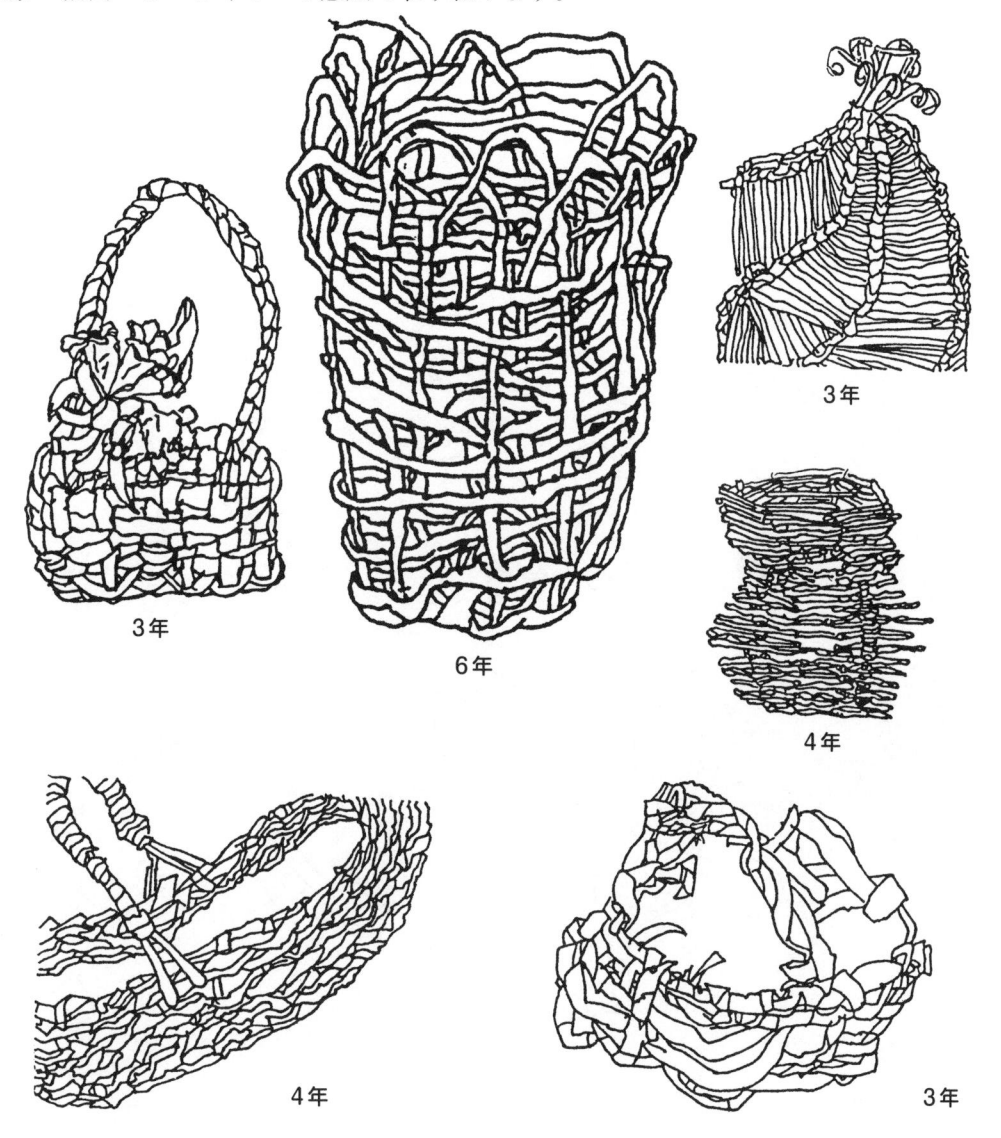

3年

6年

3年

4年

4年

3年

I 絵画編 15

【資料】背景に入れる人物や生き物など

📖 前著 P23～25を参照してください。

◎子どもたちが，絵の中心になる部分を描き上げた後，それだけではなんとなく物足りなさを感じることがよくあります。そんな時に，昆虫・鳥・魚・動きのある人物・妖精などを取り入れると楽しい絵になります。

◎しかしながら，子どもたちは何も見ないで描くと，ほとんど動きのない前を向いた人間だけを描いてしまいがちです。そこで，参考資料として挿し絵風の「お手本」を用意しています。図鑑の絵や写真は，真横または真上から見たものが多く，動きのあるものはあまり見かけません。また，写真を見て描くことは，大人でも難しいので，お手本はイラストの方が適しています。なお，前著でも紹介しましたが，昆虫・鳥・魚などは，本物そっくりのおもちゃが売られています。学校でもいくつか用意しておかれたら，随分と役立つと思います。子どもたちはそれを見ながら，アレンジを加えつつ自分なりの絵にしていきます。

いろいろな遊び

走る

妖精

用具の上手な使い方　　　　　　　　　　　　　全学年

2　パス・絵の具・筆の使い方の基本

1　パスについて　1〜3年

※パスを使ったいろいろな技法については，前著で紹介していますので，ここでは特に気を付けたいことのみを記述します。

(1) パスの準備

◎パスは，絵の具と異なって，色を混ぜ合わせることができないので，「20〜24色」セットのものが望ましいと思います。

◎1年生の初めに，パスを持ってくるように指示すると，幼稚園・保育園時に使っていたものを持ってくる子どもがいますが，色が揃っていなかったり，持てないほど小さくなったパスが入っていたりします。私たちは，前もって保護者に連絡をとり，今まで使っていたパスも併用しながら，「20〜24色」の新しいパスのセットも用意していただけるようにお願いしています。

(2) パスの使い方

〔持ち方〕パスは折れやすいので，パスの先を「かぶせ持ち」して，寝かせるようにして塗ります。

〔塗り方①〕

低学年の子どもは，色を塗りなさいと指示するだけでは，左右にザザーと塗ってしまいます。　　　　　塗り残し　　　　　　　　　　　　　　　　　はみ出し

線からはみ出したり，塗り残しがあっても気にしません。

しかし，次のように指導すると，ほぼ100%の子どもが，きれいに塗れるようになります。

①線の内側に沿ってパスの先のとがった所を使って塗ります。
（斜線の部分）
②中全体を丁寧に塗りつぶします。

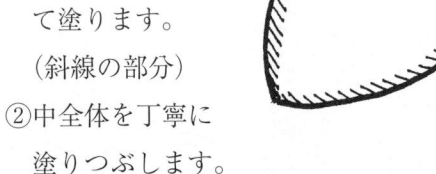

〔塗り方②〕

　子どもは，例えば「桜の花びら」であれば，ピンク1色で塗って，それで「塗れた」と思ってしまいます。

　しかし，それではペンキで塗ったような，まさに「塗り絵」になってしまいます。

　そこで，花びらのもとになる所には赤を薄く，先の部分には白を薄く塗ります。そして，全体にもう一度ピンクを塗ると，立体感のある，しかも鮮やかな色に仕上がります。

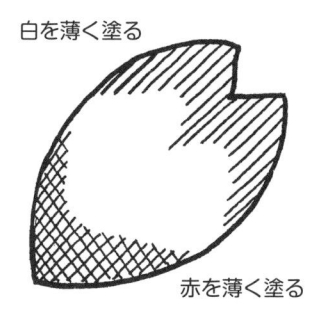

白を薄く塗る
赤を薄く塗る

「おにの　お父さん」1年

「こいのぼりと　あそぶ」2年

(3) はみ出しの削り取り

　線から大きくはみ出したり，色を間違えて塗ったりした時は，次の方法で修正します。
◎はみ出した所を，彫刻刀の「切り出し」で，用紙を傷めないようにしながら削り取ります。刃先についたパスのかすは，ティッシュペーパーかトイレットペーパーで拭き取ります。

　それでも，薄い色は残りますが，その上に色を重ねることもできます。

(4) 机の上をきれいに

◎パスを使う時は，必ず画用紙の下に新聞紙を敷きます。
◎机上にパスを付けた時は，トイレットペーパーのように「ざらついた紙」で拭き取ります。

「すてきな　ケシの花」1年

② 絵の具について　4～6年

📖 前著 P30～39を参照してください。

立体感を出す方法

　暗闇の中では物は見えません。物体は光が当たって初めて見えるものです。色も，その物体表面の光の吸収と反射の作用によって現れます。人は物の立体感も光によって感じ取っています。小学生でも高学年になれば，「立体感」を表現する技術を少しずつ身に付けることができます。

(1) 光と影の学習

　私たちは，4年生以上の子どもに，次のような指導をしています。
①白のテニスボール，白い厚紙で作った直方体・円柱・円錐を用意します。

A図

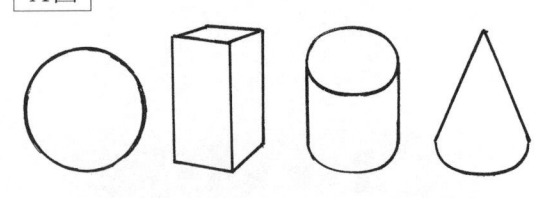

②部屋を暗くします。しかし，暗室ではないので，下図のような箱を用意しています。

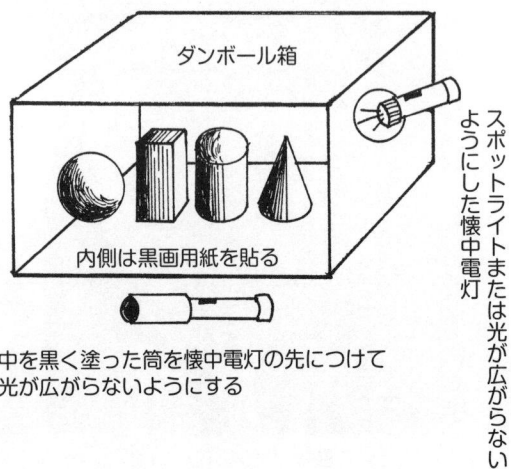

ダンボール箱
内側は黒画用紙を貼る
スポットライトまたは光が広がらないようにした懐中電灯
中を黒く塗った筒を懐中電灯の先につけて光が広がらないようにする

③真っ暗な中では，何も見えないことを確認させます。
④一点からスポットライトを当てて，光と影がどのようになるかを見せます。
⑤A図のひな型を描いた画用紙に，鉛筆で影を付けさせます。

(2) 絵の具で光と影を表現する

《「1か所」に3つの色を使って立体感を出す》
①黄色の花であれば，まず全体に黄色を置きます。

| 全体の元になる色のことを，仮に「基準色」と呼んでいます。

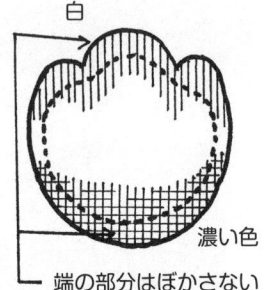

白
濃い色
端の部分はぼかさない

②影になる部分には，黄色より少し明度の低いオレンジ色を置きます。

③光の当たる所には，白を置きます。
④筆にきれいな水をつけ，絵の具雑巾の上で余分な水分を取り，点々塗りでぼかしていきます。

※「ぼかし」をする時の注意
　点線の上の部分から筆を置いて，白と濃い色の絵の具を中央に引きずるように点々塗りをしていきます。

《花や木の場合》
◎光がどの方向から来ているかを，いつも意識します。

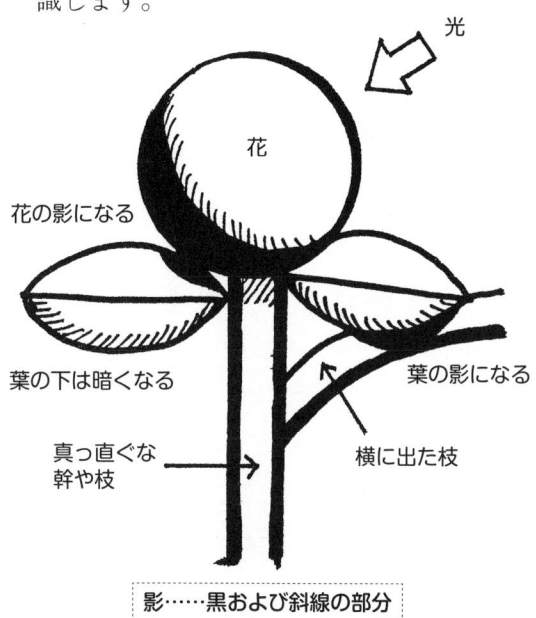

影……黒および斜線の部分

[葉をよく見ると]
◎葉脈の所は，くぼんでいるので暗くなります。
◎葉の下は暗くなります。
◎葉脈と葉脈の間は，盛り上がっているので，光が当たり，明るくなります。

《色の置き方　例：葉の場合》
①葉全体に，緑色＋黄緑色を置きます。
②葉脈のくぼんだ部分と葉の下の部分には緑色を置きます。
③葉の上部と，葉脈と葉脈の間の明るくなる部分に白またはレモン色を置きます。
④「ぼかし」をかけて自然な色にします。
⑤葉脈のくぼんでいる色の濃い部分は，葉に置いた色（緑色＋黄緑色）に白を加えた色で線を描き入れます。
⑥くぼみが明るい色の場合は，逆に濃い色（緑色＋青）で線を描き入れます。
※葉脈の線は，絵の具が乾いてから描き入れます。

《人物の場合》
　腕の立体感の出し方について。

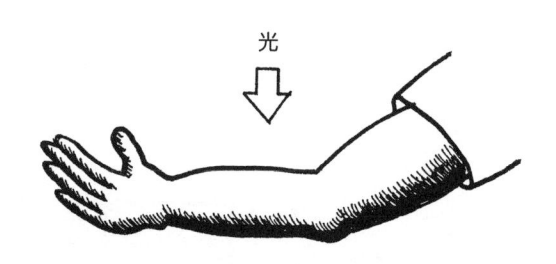

①腕全体に「基準色」（この場合は肌色）を置きます。（※「肌色」は，白＋黄色＋朱色）
②影になる部分には，基準色とした肌色に茶色を加えた濃い色を置きます。
③光の当たる部分には，肌色に白を加えて明るくした色を置きます。
④点々塗りでぼかします。

📖 腕以外の表現については，前著P38〜39で詳しく紹介しています。

Ⅰ　絵画編　21

風景画の色づかい

風景画は，下絵を描くだけでも大変なのですが，彩色にはもっと時間がかかります。ある程度パターン化した技法を覚えることで，苦手感が薄まります。彩色方法の一例を紹介します。

遠くの木
◎深緑色（緑＋青）に白っぽい灰色を加えて，やや霞んだ色を塗ります。

屋根の色
◎まず，白っぽい灰色(光が当たっている色)を塗ります。次に，影になる灰色を塗ります。そして，特に光が当たって真っ白に輝く部分に白を塗ります。最後にやや暗い灰色で，線がはっきりしない部分を修正します。

板目模様
◎屋根のすぐ下の板は暗いので，ややこげ茶色＋灰色を下地に塗ります。乾いてから下地の色に少し白を加えた色で板目の線を引きます。
◎光が当たる所の板は，下地にこげ茶色＋茶色＋薄い灰色を混ぜて塗ります。
◎薄い緑色を所々に塗ってぼかすと，古びた感じに仕上がります。

柱
◎古い木造建築の色は，黄土色・茶色・こげ茶色に灰色，または白や黒を混ぜ合わせることによって多種多様な茶系統の色を作ることができます。
◎さらに，薄い緑色を塗って，ぼかしをかけると古く錆びた感じになります。

［姫路市の随願寺のお堂］

［姫路城の櫓門（菱ノ門）］

空
※単に水（空）色をべた塗りするだけでは変化がつきません。
◎水色に白を加えて塗り，生乾きの間にその上に薄めた白を置いていくように点々塗りしていきます。雲が浮かび，白いベールをかぶせたような柔らかな空になります。

近くの木
※季節や木の種類によって葉の色は異なります。
◎明るい色から暗い色へと点々塗りしていきます。
（例）
　レモン色＋白，または
　黄緑色＋白
から始めます。次に，
　黄緑色→黄緑色＋緑色→
　緑色→緑色＋青
と段々濃く暗い色を塗っていくと，樹木独自のもこもこした立体感が出てきます。

石垣
◎白っぽく，やや水で薄めた灰色を全面に塗ります。次に，水で薄めた茶色（影の部分はこげ茶色）を塗ります。さらに，所々に薄い緑色でぼかしをかけると，石垣の汚れや苔むした感じを出せます。

土
◎まず，黄土色＋茶色を塗ります。次に，茶色＋こげ茶色を，先に塗った色を消さない程度に点々塗りしていきます。特に暗い部分には，こげ茶色を点々塗りで重ねます。さらに濃い緑色を塗り，ぼかしをかけます。

3 筆記具について

(1) 筆記具の準備

鉛 筆

　鉛筆は，2B～4Bを用います。画用紙に描く時は，2Bくらいが適当かと思います。3B～4Bですと，黒い粉が手のひらに付き，白い画用紙が汚れやすくなります。

※画用紙を汚さないように，半紙4分の1くらいの紙を手の下に敷いて描くこともあります。

　版木に下絵を描く時は，版木を傷つけないように，柔らかい4Bを使います。

消しゴム

　適度な弾力があり，柔らかく消しやすい，白いプラスチック消しゴムが使いやすいです。細かい部分を消すこともあるので角のあるものがよいです。匂い付きのものやデザイン重視のキャラクターものはお勧めしません。

　描いては消し，描いては消しを繰り返して先に進めない子どももいます。必要な時にのみ使うよう指導することもあります。

フェルトペン

　油性のものを2種類用意します。

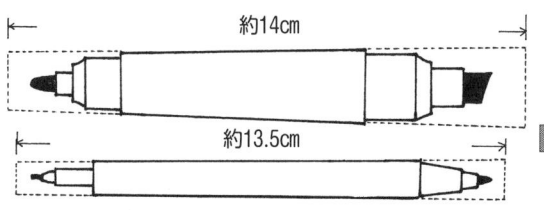

毛 筆

　1～3年生は，「大筆」と「小筆」を使います。4～6年生は，さらに「中筆」と「先の細い筆（面相筆または習字の小筆）」を3本用意させています。高学年になると細かい絵を描くことが多くなります。加えて，一部分を描くのに，少なくとも3つの色を置きます（P20，21参照）。いちいち筆を洗っていては，絵の具も時間も無駄になってしまいます。だから面相筆は複数必要なのです。

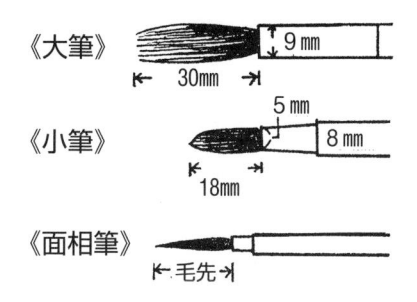

《大筆》　30mm／9mm
《小筆》　18mm／5mm／8mm
《面相筆》　毛先

※面相筆は，毛先が15mm以下のものが使いやすいです。15～20mmのものは，細い線を描くのに向いていますが，子どもには扱いにくいです。

《平筆》

　使い道を考えて使用すれば便利なものですが，上で紹介した筆で代用できます。平筆を使うことはほとんどありません。

約14cm
約13.5cm

※水性ペンは，絵の具を塗ると，溶けて汚れてしまいます。

(2) 筆先を傷めないために……先の傷んだ筆では，絵は描けません

① 筆を使った後

必ず，きれいに洗います。根元まできちんと絵の具を落としておきましょう。

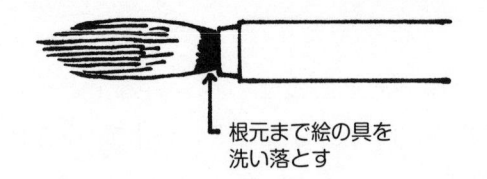

根元まで絵の具を洗い落とす

② 筆先が傷んでいる時は

熱湯（80℃以上）に10～20秒程つけて，乾いた雑巾で，毛をしごくようにして水分を拭き取り，同時に筆先を揃えます。

毛先がすり減っていない限り，たいていは元のように筆先が揃って使えるようになります。（※やけどに注意）

③ 筆をしまう

《「プラスチック系」の筒》

絵の具セットには，初めから下図のような「プラスチック系」の筒型の筆入れが付いてくることが多いようです。かばんの中で動き回って，筒の中で筆先が曲がってしまっていることがよくあります。

筒の中で左右に動き，筆先が筒に当たる

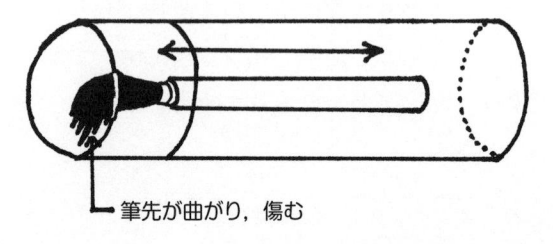

筆先が曲がり，傷む

《習字用の筆巻き》

習字用の筆をしまう筆巻きを使うと毛先が傷みにくいです。

◎毛先がはみ出さないように気を付けながら，絵の具雑巾でくるみます。

◎さらに，筆巻きで巻きます。

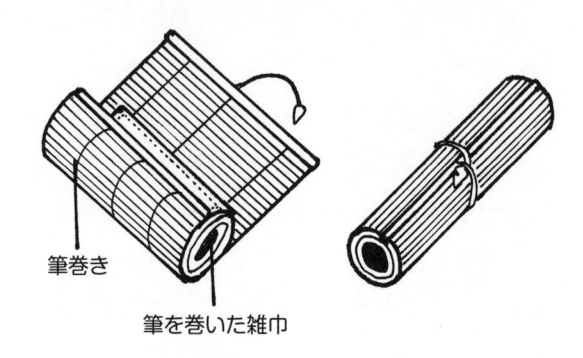

筆巻き
筆を巻いた雑巾

📖 ひもやストロー，梱包材，ブラシなど，筆以外の道具を使った技法については，前著 P34～37で詳しく紹介しています。

いろいろな絵を描こう

全学年

3 生命(いのち)あるものを描こう

四季おりおりの花を描こう

花のもつ魅力

　花の美しさや生命力は，人の心を癒し元気づけてくれます。花は，家庭でも学校でも，公園でも野山でも，一年中，四季おりおりの姿を見せてくれます。動かないでじっとしてくれる花は，モデルにはうってつけです。よく観察して描くことができるので，様々な発見や驚き，感動につながります。ひいては，他の絵を描く意欲にも影響すると思います。

　ときに，花壇の花がわざと折られていたり，引っこ抜かれていたりする悲しい光景を目にすることがあります。

　「花とのふれあい」を通して，幼児期から生命に対する尊敬の念と慈しみの心を培っていけないものでしょうか。

　ひだまり教室では，これからも花を描かせ続けたいと思っています。

| 春 | 夏 | 秋 | 冬 |

「チューリップ」
2年

「あ！　大きなヒマワリ」
5年

「彼岸花と氏神様」
5年

「日本水仙と遊ぶ」
2年

I　絵画編　25

① 春の花を描こう　全学年

「赤い花びらに白い模様のボタンの花」
2年生
「パス」の赤と白で塗りのばしながら描きました。

「パンジーとチョウチョ」
5年生
花の構造を克明に観察して描きました。

「シャクナゲ」6年生
（赤漆の机に青の花瓶）

◎ボタン・パンジー・サイネリア・八重椿の背景の空の色は，水色に白を加えた絵の具を塗り，生乾きのうちに薄い白で点々塗りをしています。

◎ルピナス・カラー・アイリスの背景は，黄色から朱色までのグラデーションで描いています。

◎花だけだと静の美しさですが，人や生き物を加えると，動きが出てきます。

「サイネリア」4年生

「八重椿とぼく」6年生

「ルピナスと私」6年生

「真っ白で大きな
カラーの花」4年生

「カマキリの赤ちゃん！」
6年生
（ジャーマンアイリス）

「ガザニア－ひつじ雲に乗った
私－」　　　　　　3年生

「アイリスと鯉のぼり」
4年生

「ヒヤシンス」6年生
(背景にお城とミツバチ)

「ルピナスとスズメ」
6年生

◎鯉のぼりは，1mほどのミニ
鯉のぼりを教室内で見ながら描
きました。

◎トンボは，本物そっくりのおも
ちゃを参考にしました。

◎カマキリ・スズメ・鳥・ミツバ
チは，図鑑・写真・自作の見本
用のイラストを参考にしていま
す。

「ハナミズキと鯉のぼり」
5年生

「ハナトラノオとカマキリ」
4年生

「モクレンと鯉のぼり」
3年生

「モクレンと鯉のぼり」
(背景に町並)5年生

I 絵画編　27

② 夏の花を描こう　全学年

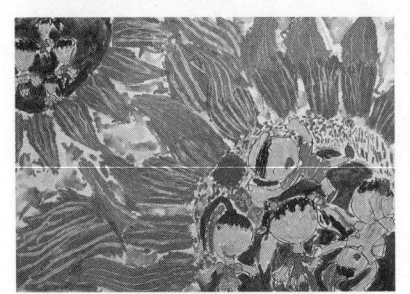

「ヒマワリとあそぶ」1年生

「でっかいヒマワリ」4年生

「ヒマワリに登った」2年生

「ヒマワリさんおはよう」6年生

[ヒマワリの花の中]

「アジサイ」6年生

ヒマワリの頭状花序の渦巻きと色彩を表現するのに苦労しました。顔や手の色は，薄い色から濃い色まで7～8回塗り重ねています。

「モミジバゼラニウム」5年生

「アジサイとツバメ」6年生

「アジサイ」5年生
（背景はクロス壁）

「ガザニア」 3年生
花にはパスを使用。背景は絵の具の藍色で絵の縁を少し空けて塗り、縁には薄い黄色を入れて月明かりに照らされた夜の世界を表現しました。

「ガザニア」 4年生
・自画像は写真をもとにしています。
・背景はクロス壁で簡略化しています。
・植木鉢の中の土の色は、まず黄土色＋茶色を塗り、次にこげ茶色を点々塗りします。最後に薄い緑色を塗り、ぼかしをかけました。

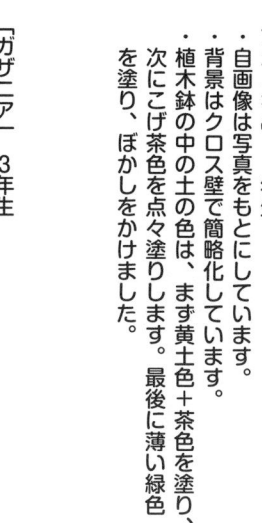

「ペチュニア」 6年生
・空は、水色に白を加えて塗り、生乾きのうちに薄い白で点々塗りし、赤紫の雲を入れて夕焼け空を表現しました。
・トンボは、本物そっくりのおもちゃを見て描きました。

「ペチュニア」 6年生
色とりどりのペチュニアを、1つの画面に構成しました。

「クレマチス（鉄線）」6年生

「クレマチス」2年生
パスで描き，背景はにじみ

「ムクゲの花を撮る私」6年生

I 絵画編 29

③ 秋の花を描こう　全学年

「コスモス畑で遊ぶ」
2年生

「コスモスにトンボのむれ」
4年生

「枯れたヒマワリ」
6年生

「彼岸花」3年生

「コスモス畑」5年生

・コスモスは，花は描きやすいのですが，葉は細くて密集しているため，それぞれを描き分けるのは困難です。
・そこで，目立つ茎・枝だけを描き，背景には黄緑色，緑色，黄色を置いて，葉が生い茂る様子を表現しました。

「枯れたヒマワリに乗ってカマキリと遊ぶ」
3年生

・彼岸花は花びらが細くねじれています。下絵は描きません。実物を見ながら直接，大筆で一気に描き上げます。
・彼岸花だけでは平面的になるので，遊ぶ子どもたちを入れました。

「彼岸花」2年生

「ケイトウ」4年生

「ケイトウ」5年生

30

④ 冬の花を描こう　全学年

「日本水仙」5年生
(背景は「ひだまり教室」)

「水仙とスズメ」5年生
黄色水仙に合わせて, 背景は黄色のグラデーション。

「ラッパ水仙」2年生
パスの塗りのばしで花弁の色の階調を表現しました。

「葉牡丹と凧上げ」5年生

「葉牡丹と三色スミレ」5年生
冬〜春に約3か月かけて描きました。伸び切った葉の柔らかな色の表情を上手く表現しています。

「シクラメン」5年生

「センリョウ」5年生

「虹色の花八つ手と遊ぶ」3年生

「夜のクリスマスローズと遊ぶ」
3年生
楽しく遊ぶ妖精たちを周囲に配置し, メルヘンの世界を表現しました。

Ⅰ　絵画編　31

5 四季咲きの花を描こう　全学年

「ゼラニウム」6年生
・花色が豊富な花です。ピンクと赤と白の3色の花で構成しました。
・黄色のグラデーションの背景にモンシロチョウとカマキリを配置し、美しさの中に動きも取り入れました。

「バラと古時計」5年生
・鮮やかなバラの花と懐かしい古時計という対照的な静物を組み合わせました。
・机は薄茶色とやや濃い茶色で板目を表現しました。
・背景はライトグリーンのクロス壁にしました。

「まきを割る小人」4年生
・細くて緑色の葉が、とてもきれいです。藍色の背景に細い線で丁寧に描き込みました。
・構図に動きを出そうと、「白雪姫」のお話に出てくる小人（庭の置き物）を前面に大きく描き入れました。

「バラと姫路城」5年生
バラの花が立体的に見えるように明暗の対比を工夫しました。

「蘭の花」2年生
花はパスで描線を際立たせながら描きました。背景には「にじみ」の技法を使っています。

6 メルヘンの世界　全学年

子どもたちは，「メルヘンの世界」が大好きです。詳細な写生画と組み合わせることで，そのズレが面白い効果を生み出します。

「夜のルピナスと遊ぶ」
5年生
（羽のある天使になって）

「朝顔の花の上で演奏会」5年生

「ツリガネソウと遊ぶ」
3年生

昼間の世界，夜の世界，どちらも表現できます。ただ，「夜の世界」の方が，主題が浮き上がり，しまりのある絵に仕上がりやすいかもしれません。

「ハナトラノオと遊ぶ」
3年生

「ハナトラノオと遊ぶ」
6年生

「春菊畑で遊ぶ」
3年生

「日本水仙の中で遊ぶ」
5年生

I　絵画編

⑦ 絵を引き立たせる技法　1〜5年

「わあ，でっかいケイトウの花」
1年生

「花八つ手と遊んだよ」
3年生

(1) スクラッチ技法

① 2色のパスを塗り重ねます。
- 同系色の場合→下に明るい色
- 虹色の上に黒色の場合
→下の虹色はしっかり塗ります。
（例：花八つ手，ケイトウ）

② 竹串や割り箸，切り出し刀などで削っていきます。
- 細かい線や○などは，竹串で
（例：ヒマワリの種の部分，花八つ手）
- ケイトウのひだやヒマワリの花びらなどは，割り箸や切り出しで

(2) 絵に光の線を入れる

① 糸はじき法
- 凧糸に大筆で絵の具を付けていきます。

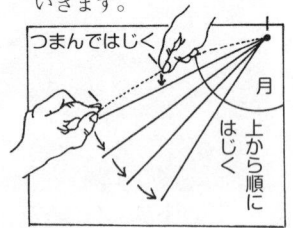

つまんではじく　　月　　上から順にはじく

② ミニブラシ法
- 絵の具は，黄色＋白でマヨネーズの濃さです。
- 軽くポンポンと押していきます。

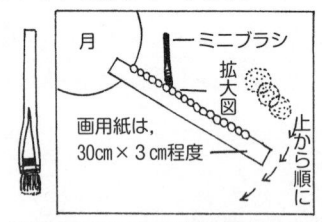

月　ミニブラシ　拡大図
画用紙は，30cm×3cm程度　止めから順に

「ひまわりとカマキリ」
3年生

「でっかいヒマワリ」
2年生
↑
背景の色は，水色の上に青または紫色のパスを塗り重ね，カマキリや虫たちを削り出しました。

「月夜のアネモネ」
3年生

「高いなあ！　届かないよ」
3年生

「アネモネと遊ぶ」
2年生

「クリスマスローズと虫たち」
2年生

8 背景をグラデーションで表現する　4〜6年

「グラデーション」は，中心が白かと思うほどの明るい色から塗り始めます。

[A]「花ハつ手」5年生
（赤紫のグラデーション）

[A]「紫蘭」6年生
（赤紫の花に対し，同系色の青紫のグラデーション）

[A]「ガザニア」6年生
（緑色のグラデーション）

←子どもが「お絵かき帳」に描いてきた絵です。
翼など図鑑を参考にアドバイスすると，画用紙いっぱいに描き上げました。

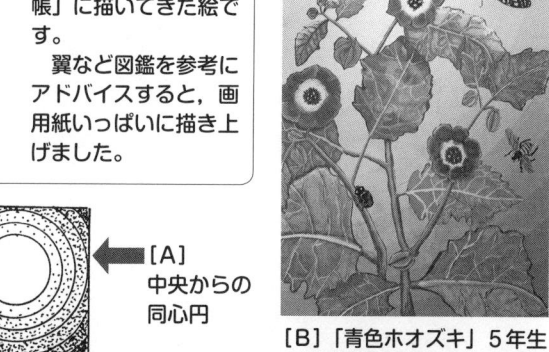

[C]「僕の想像上の怪鳥」5年生
（藍色のグラデーション）

[A] 中央からの同心円

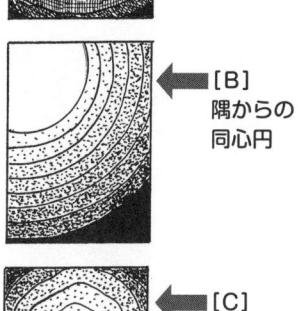

[B] 隅からの同心円

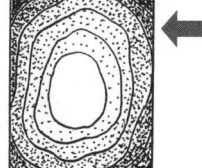

[C] 不定形

[B]「青色ホオズキ」5年生
（黄→朱色のグラデーション）

[C]「金魚」5年生
（藍色のグラデーション）

[C]「古代魚」6年生
（紫色のグラデーション）

I 絵画編　35

⑨ バックを黒にするとデザイン調になる　全学年

◎写生画の背景を黒で塗りつぶすと，画面全体が引き締まり，絵が浮き上がってきます。見た目は「デザイン調」になります。

◎光と影やぼかしなどに，あまり気をつかわなくても美しく仕上がります。

「ゼラニウム」6年生

「ペンタス」6年生

「日日草」5年生

「アイリス」6年生

「ゴーヤとパプリカ」6年生
（グラデーション技法）
（市松模様の遠近法）

「アジサイにミツバチと向かう私」6年生
（バックの色は，紺色）

⑩ 花がたくさん集まると，目を見張る　全学年

◎新聞やテレビで，水仙郷・ヒマワリ畑・菜の花畑……など観光地が紹介されると，無性に行ってみたくなります。1輪の花でも美しいと思うのですが，たくさん咲いていると，今度は，「見事だ」と感心してしまいます。

◎右図は，「松葉ボタン」を画面いっぱいに描いたものです。一つ一つの花は，直径25〜45mmで小さく，色は赤紫の花です。花1輪だけでは注意を引かないかもしれませんが，絨毯(じゅうたん)のように一面に咲き乱れる姿を見せられたら，誰でも目を見張ることでしょう。

※同じ花をたくさん描くだけですから，描くことは難しくはありませんが，時間はかかります。集中力と根気力が培われます。

「松葉ボタンのじゅうたん」5年生

見渡す限りの菜の花畑です。前面には大きく写実的に菜の花を描きました。背景に咲き乱れる菜の花は黄色を全面に置き，花は黄色を，葉は黄緑色，緑色を置いて表しました。空気遠近法も取り入れています。

「菜の花畑」5年生

大根の小さい白い十字の花を辛抱強く，たくさん描き込みました。たまたまその場にいたカマキリをモデルにして，それを捕まえようとしている自分自身も描き入れました。

「大根畑」6年生

11　ちっぽけな花でも，よく見ると　全学年

雑草としか見えないような「ちっぽけな花」でも，よく観察すると，その美しさは大きい花に負けていません。小さな花にも目を向けることのできる優しく繊細な視点が持てるとよいですね。

「モミジバゼラニウム」
5年生

直径10～15mmの真っ赤な花が咲きます。葉は紅葉とそっくりです。

※部分を拡大しても絵になります。描く時間も短縮できます。

「カタバミの花」4年生

「ホトケノザ」
6年生

直径10mm足らずの薄紫のかかったピンク色の花で，ウサギが踊っているように見えます。普段，雑草として抜かれてしまう花ですが，よく見ると美しく，形も面白い花です。

※部分を拡大しても絵になります。描く時間も短縮できます。

「カタバミの花」（＝オキザリス）

鱗茎

・花壇の花の間に密集して咲き，抜いても抜いても，すぐに増えてしまいます。理由は，根が鱗形になっており，それが散らばって新しい芽を出すからです。
・こんな雑草でも，赤紫色の花弁は緑の葉に美しく映え，3枚のハート型の葉の造形と相まって，素晴らしい絵の題材になります。

12　楽しい貼り絵（ちぎり絵）　1〜4年

　子どもたちは，ちぎったり，切ったり，貼ったりしながら絵を仕上げていく活動に，描くこととはまた違った面白さを感じ，鼻歌まじりで自分なりに工夫しながら楽しく頑張っています。

「貼り絵って楽しいね〜！　何でも貼っていいのね」
2年生

もこもこの布，色和紙，色画用紙（線切り）
最後にコンテで友だちを描きました。2年生

大好きなテントウムシ，図鑑を見ながら色画用紙やにじみ和紙を貼ったよ。
2年生

墨汁でセミと木を描いてから，にじみ彩色した和紙をちぎって羽根に貼っていったよ。木は和紙の包装紙。きれいな色になりました。
3年生

カブトとクワガタの決闘だ。色画用紙や新聞紙を細かくちぎって貼りました。
3年生

📖 貼り絵についての技法や指導法は，前著 P58，59で詳しく紹介しています。

I　絵画編　39

13 でっかいぞ！ゴーヤ（いろいろな技法で）　全学年

　ひだまり教室の緑のカーテンとして育てていたゴーヤの実が両手にあまるくらい大きくなって，子どもたちもびっくり。「すごーい！　絵に描いてみたい！」と意欲満々です。

　黄色のパスで，でっかくゴーヤを描いて，黄色，黄緑色，朱色でゴシゴシ塗り分けました。その上を黒のパスで塗りつぶしてから，竹ひごでゴーヤのつぶつぶを一つ一つ，ひっかいたり削ったりして描きました。下からきれいな色が次々に現れて楽しくなりました。背景に，赤く熟れたゴーヤとばんざいしている自分も描きました。葉や花やつるも描きました。
　　　　　　　　　　　　1年生

　面相筆と墨汁で大きめの細長いつぶつぶから描きました。そのすき間に，小さな丸や三角のつぶつぶをいっぱい描き入れました。つぶの色はパスで，外から緑色，黄緑色，黄色と塗りのばすと光っている感じが出ました。赤いつぶは，赤，朱色，黄色の順に塗りのばしました。葉と花，トンボも丁寧に描き入れました。びっくりしている私やお兄ちゃんも入れました。背景はタンポとにじみで仕上げました。
　　　　　　　　　　　　2年生

　面白い形のゴーヤを見つけました。持ち上げてみたら，すごく重かったです。画用紙の上に置いてみて鉛筆で大まかに輪郭線を描きました。つぶつぶは墨汁で直接，描きました。持ち上げている自分の左手は，親指の爪から描いていきました。鏡を見て，驚いて開けた口から自画像を描いていきました。持っている手からもゴーヤの重量感が感じられる作品に仕上がりました。
　　　　　　　　　　　　4年生

　あまりにも「でっかい」ので，手のひらで測ってみました。ひんやりとしたつぶつぶの感触が気持ちいいです。ゴーヤの輪郭線を鉛筆で描いてから，ゴーヤの真ん中に左手を置きました。少し苦しいポーズ※でしたが，親指の爪から墨汁でゆっくりと描き上げました。次に左手を鏡に映しながら描くと，右手で右手を描くことができました。手が描けたら，今度はゴーヤのつぶつぶの向きや流れをよく観察して，一粒ずつ丁寧に描いていきました。彩色では，盛り上がっている所が光っている感じを出すのに苦労しました（前著P62参照）。肌の色は，白，黄色，朱色を混ぜたり，塗り重ねたりして明暗を工夫しました。影の部分には茶色を加えました。
　　　　　　　　　　　　6年生
（※画用紙を逆さにして，左手を手首側から描けば，苦しいポーズをとらなくても描くことができます。）

14　のびろ！タケノコ①（変形紙を使って）　全学年

　教職時代，全国大会で公開授業をした作品です。1枚の4つ切り画用紙（厚手）を2つに切ってつないで変形紙を作り，太陽や月に向かってぐんぐんのびるタケノコを，想像の羽をいっぱいに拡げて描くように指導した作品です。いつもの4つ切り画用紙に向かうよりも，描く意欲が格段に増し，より「のびのび」，より「ぐいぐい」と描けたと思います。

(1) 4つ切り画用紙を切ってつなごう
・「いろいろな切り方があるね。」
　（縦に，横に，くねくねと）
・つなぐところは同じ長さにします。（次ページの例を参照）
※画用紙は白ボール紙をお勧めします。

(2) 楽しい下地づくり
①片方の手のひらに絵の具3色を出し，両手を合わせて2〜3回ねじります。
※赤，青，黄色など好きな色。ただし黒色は使いません。
②画用紙の上をペタペタとあちこちたたきます。
③水道の蛇口からの水で，画面を軽く洗い流します。

(3) のびていくタケノコのお話を描こう
・月（太陽）に向かってぐんぐん伸びるタケノコと自分や友達が遊んでいるところなど。
・海にもぐっていくタケノコと自分や魚たちなど。

(4) 墨汁でタケノコを描こう
・自作のお話どおりに（さらに発展して）ぐんぐん伸びるタケノコをぐいぐいと描いていきます。（皮は下から上へ，根は上から下へ）
・タケノコは，複数描いても面白いです。
・フェルトペンで，自分や友達，魚などを描きます。

(5) タケノコの皮を彩色しよう
・3原色（赤，青，黄）のうち，2色を混色していくことで，グラデーションを作ります。
◎赤に青を少しずつ→紫のグラデーション
◎黄に青を少しずつ→緑のグラデーション
◎黄に赤を少しずつ→橙のグラデーション
※明るい色をベースに暗い色を足していきます。

(6) 根っこ，人物などを彩色しよう
・根は，白，赤，青で変化をつけていきます。
・タケノコの周りの人物や生きものなどは，タケノコと対比して目立つ色を選びます。

夕焼け空に向かって（例1）

雲を突き抜けて（例1）

カラフルなグラデーションが美しい（例2）

のびろ！タケノコ② （変形紙の作り方）

　４つ切り画用紙（厚手）を以下のように切って，裏から布ガムテープでつなぐと，様々な形の変形紙ができます。高学年なら，自分たちで変形紙を作らせたいところですが，時間が無い場合や低・中学年の場合は，あらかじめ指導者が作っておいたものの中から好きな形を選ばせてもよいでしょう。

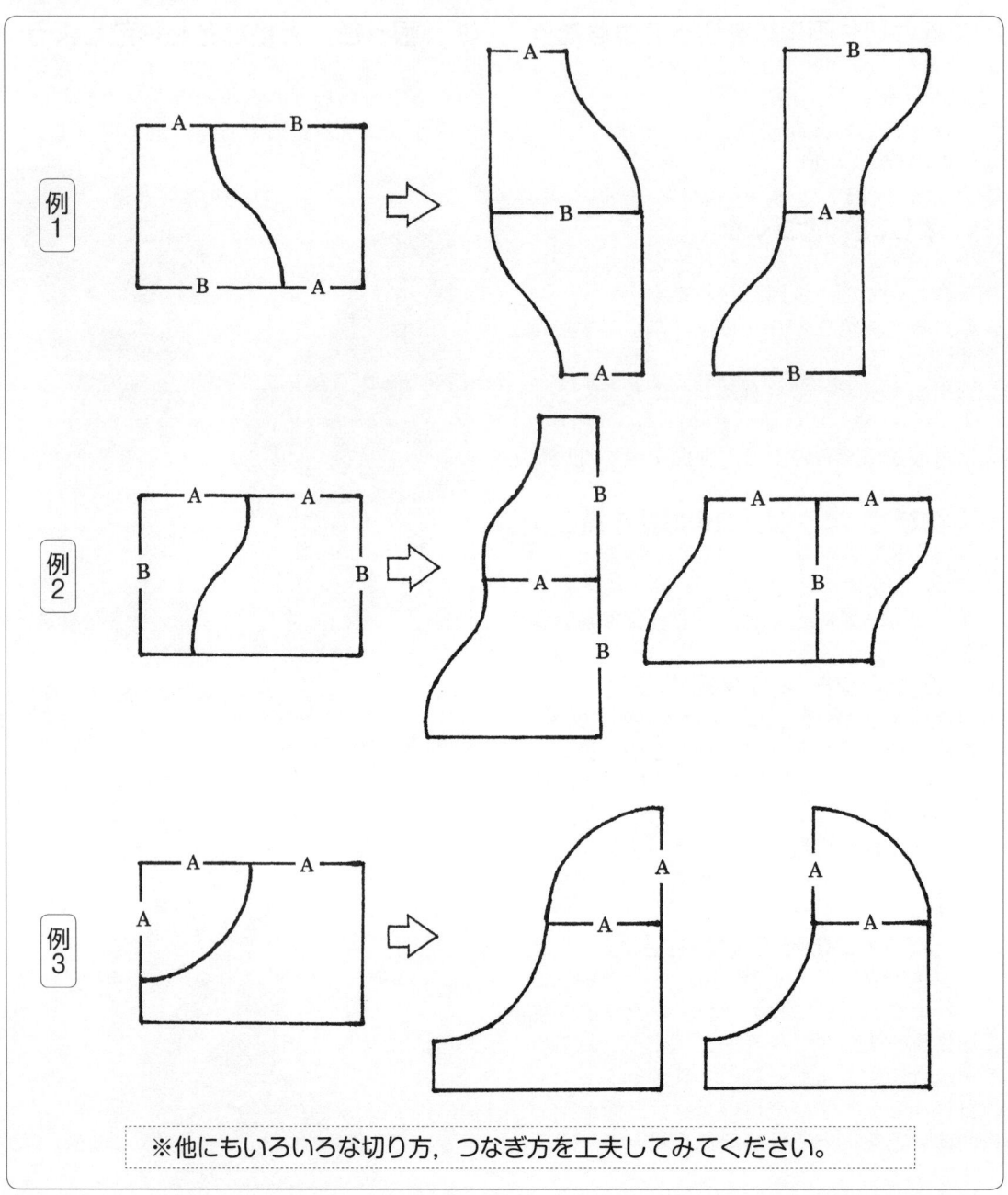

例1

例2

例3

※他にもいろいろな切り方，つなぎ方を工夫してみてください。

のびろ！タケノコ③（作品例）

　自分で創ったお話が，描いていく間にどんどん変化し発展し，不思議な世界が展開されていきます。

1つの株から2本のタケノコが伸びていく不思議な世界（例3）

仲良く寄り添って（例3）

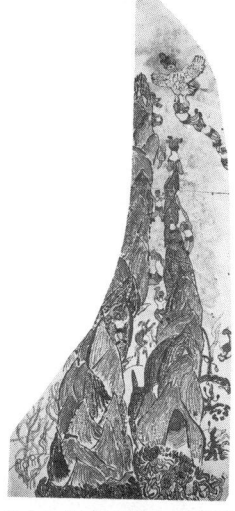

2本とも高く高く（例3）

海にもぐるタケノコ※紙を横にして（例1）

支え合って伸びていく（例2）

横にも縦にも伸びていく（例3）

ビルよりも雲よりも高く（例3）

15　タケノコ掘り（画面いっぱいに力強く）　全学年

現職時に姫路市図工研究会で，公開授業（6年）をした時の作品です。掘ったばかりの根っこ付きの大きなタケノコとクワを用意しました。授業では，タケノコを掘る動きを子どもたちに再現させました。

(1)　タケノコの絵（複数）をコンテで描き，彩色した後，形に添って切り抜きます。（※白4つ切り画用紙を使用します。）
(2)　画用紙（厚手）に，切り抜いたタケノコの絵を，藪に生えている様子をイメージしながらレイアウトし，貼り付けます。
※この授業では白ボール紙の裏側（灰色）に貼りつけました。
(3)　貼りつけたタケノコの絵に重ねて，掘っている様子を描きます。クワとそれを持つ手から描いていきます。
※グループで互いにモデルになり合います。
※モデル用に，クワ，手ぬぐい，長靴，エプロン，服，ズボンなどを用意しておきます。
①クワの刃の位置を決めてコンテで描きます。
②クワの柄の部分を薄く描き，持つ手の位置を決めて，親指からコンテでゆっくりと描き進めます。
③一生懸命掘っている表情の顔を描きます。くいしばっている口から描き，顔の輪郭は最後に付けます。
④肩は高さを意識して描きます。（※指導しないと低くなりがちです。）
⑤腕（袖）→長靴→ズボンと描いていきます。（しわを注視）
⑥背景に，手伝う人や竹，竹やぶを描きます。
※竹やぶの写真や実物の竹を用意します。
(4)　絵の具で彩色します。（※コンテは水で溶けるので，彩色時には注意します。）

「うんとこしょ！」クワをしっかり握って力強く掘っている様子。特にズボンのしわも丁寧に描き込みました。

下から見上げた横向きのお父さんと手伝っているぼく

エプロン姿のお母さん

タケノコの後ろにクワの柄

⑯ 虫さん，大好き！（いろいろな技法で）　1〜3年

　子どもたちは，虫が大好き！　特にカブトムシやクワガタムシは大のお気に入り。本物や模型，図鑑などを見て，喜んで描き始めます。墨汁で大きくのびのびと描くと迫力がでます。「息とめて，真ん中持って，ゆっくりと，肘上げて」と言いながら，一人ひとり個別に丁寧に指導しています。様々な技法が学べます。

📖個々の技法は，前著 P27, 35, 40, 41を参照してください。

子どもが喜ぶ楽しい技法（スクラッチ、ぴかぴかぼかし、にじみ、スタンピング、塗りのばし）

空を飛ぶクワガタ，かっこいいでしょ。ぼくたちもいっしょに空を飛んだよ。虹色やスクラッチ（パスで）で楽しく描いたよ。　1年生

虹色とスクラッチで思いっきり遊んだよ。虫さんと遊んでいるぼくたちも描いた。絵の中に説明も描いたよ。　1年生

でっかい角の大カブトを描いたよ。背中に乗って遊んだよ。スクラッチ，タンポ，にじみ，どれも面白かった。　1年生

カブトムシを捕りにいったよ。「おーい！ここにいるよ〜」「よーし」大きな木の樹液をおいしそうに描いたよ。　3年生

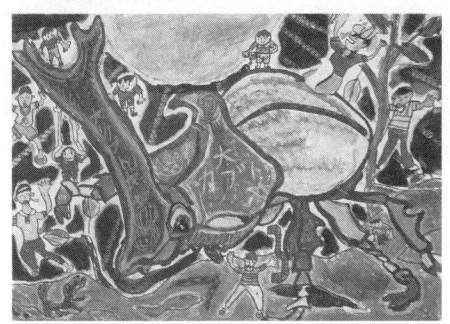

お月さまに照らされた大きなカブトムシとみんなで遊んだよ。ブラシ筆でスタンプして月の光にしたよ。　2年生

大カブトに乗って操縦したよ。青，紫，水色で塗りのばすと光っている感じがでたよ。木は，虹色のスクラッチ。飛んでいるカブトも描いたよ。　3年生

I　絵画編　45

17 カタツムリさんどこいくの？（森へ，町へ） 1〜3年

「先生！ 大きなカタツムリがいたよ」アジサイの葉っぱにのせてしばらく見ていると，「やー，首がニューッと伸びて目玉が出てきた。面白い。これ描いてもいい？」「じゃあ，いろんなところに出かけたり，ビルのように大きくなったり，虹色やきれいな模様のカタツムリさんなんてどう？」

横から見たり上から見たりして描いたカタツムリさんにパスできれいな虹色を塗ったよ。虹色のカタツムリさんたちが町へ出かけたよ。ぴかぴかぼかしの虹の上をカタツムリさんが登っているよ。妖精さんたちもいっしょに楽しく遊んだよ。
2年生

私は，森へ出かけたカタツムリさんを描いたよ。初めに直接，墨汁でカタツムリさんを描いてから，絵本を見たり自分で考えたりして，森にいる動物たちをフェルトペンで，いっぱい描いたよ。

足が生えたカタツムリです。角もいっぱいつけました。恐竜になったカタツムリの背中に乗って，おとぎの国のお城にいざ出発！
カタツムリのお家に，水色と紫でスクラッチをして模様を付けたり，足をいろいろな色のパスで点々塗りして鱗っぽくしてみたよ。
2年生

森の中を散歩しているカタツムリさんです。動物たちがたくさん出てきてびっくりしているのかな。からのうずまきを虹色に塗ってからスクラッチもして楽しかった。地面はタンポで，空はにじみで描いたら明るい森になりました。
1年生

夜のカタツムリさん，そして……　　1～3年

「カタツムリさんって，夜はどうしているのかな？」と問いかけると，子どもたちは，「元気いっぱい動きまわっているんじゃない」「妖精さんたちと一緒に遊んでいるのかな？」「お月様やお星様を眺めて喜んでいるのかも」……等々。

カタツムリが露に濡れたアジサイの上を喜んで動き回っているところを描きました。親子，兄弟，みんな虹色にして，スクラッチをしました。アジサイは，パスで塗りのばしたら，本物っぽく描けました。
　　　　　　　2年生

木登りしているカタツムリさんたち。大きな月に照らされて虹色に輝いているよ。私も友だちも一緒になって遊ぶよ。はしごをかけたり，カタツムリさんの背中でかけっこしたりして楽しそう。綿棒でスタンプして夜空に天の川がかかりました。
　　　　　　　2年生

絵本から

絵本を見ながら一番気に入った場面を描きました。首をにゅーっと伸ばしたところが面白いと思いました。色はスクラッチ，ぴかぴかぼかし，虹色など自分でいろいろ工夫して描きました。私もお話の中に入って遊びました。
　　　　　　　1年生

I　絵　画　編

⑱ カニさん，カメさんおもしろポーズ　全学年

　子どもたちは，カニやカメ，ザリガニなど，水辺の生き物も大好きです。「先生，そこの川でカニ（ザリガニ）を捕ってきたよ。今日，これを描きたいな」「よく観察してごらん。一番面白い所はどこかな？」「はさみだと思う。じゃあ，ここから描いていこうかな」

(1)　カニのはさみを描こう
①小筆に墨汁をつけて，はさみからゆっくりと描き始めます。（息とめて，筆立てて，真ん中持って，肘上げて）
②足の節，おなかの模様などをよく見て描きます。
③フェルトペンで小ガニや人物を描きます。

(2)　パスで色を塗ろう
①赤に朱色を重ね，すき間を黄色で塗りのばします。
②おなかは，黄，紫，水色を置き，白で塗りのばします。

でっかく変身したカニ。大きな月も出ているよ。
1年生

カメは図鑑を見ながら描きました。泡ぶくを白パスで描いたので，絵の具を上から重ねてもはじきます。（バチック）
2年生

イセエビが迫力ある怪獣に変身。カジキと決闘です。小魚たちが応援しています。大きな泡はフルーツキャップでスタンピングしました。
3年生

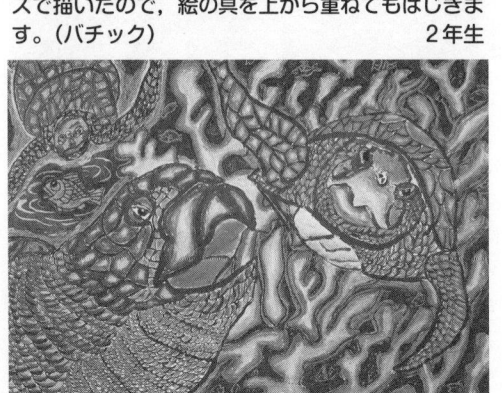

横向き，前向きのカメも迫力満点。鱗が立体的に光る感じを出すのに時間がかかりました。
5年生

青と紫の不思議なカニを中心にして，お気に入りの魚を写実的に描きました。背景は絵の具のグラデーションです。
6年生

⑲ 魚を描こう（いろいろな技法で）　1〜4年

　子どもたちは意外と魚好き。「魚の絵を描いてみようか？」と言うと，すぐに「深海魚を描きたい」「私は，きれいな魚が描きたい」「ぼくは，強そうな魚や怖い魚が描きたい」などと目を輝かせます。魚の本や図鑑，または教師自作のイラスト（動きのある魚の絵）を見ながら墨汁で描いていきます。

かっこいいコブダイに乗ったり，つかまったりして一緒に泳いでいるところ。スクラッチや塗りのばしで鱗を表現しました。　　　　　　2年生

ハリセンボンのフグ提灯（実物）を見て描きました。いっぱいとげを描いて，光らせました。目立たせるために，周りを藍色で暗くしました。3年生

魚たちが集まって，楽しくお喋りしているところです。仲良し色で塗りのばしをしました。　3年生

ちょっとおっかないサメとサメの闘いです。どちらが強そうかな？　他の魚がみんな逃げていくよ。
　　　　　　　　　　　　　　　　　　　3年生

ぼくは，自分で考えた「くねくねコブダイ」を描きました。背びれや尻びれは，仲良し色でスクラッチをしました。空との境目の波はパスと消しゴムで電撃ぼかし。白色のパスで泡ぶくや波を描いてから，青色絵の具でバチック。　　　　　　　1年生

※パスの仲良し色
（塗りのばし，スクラッチなどに）
・赤系→赤，朱，黄
・緑系→緑，黄緑，黄，深緑
・青系→青，水色，紫，群青

I　絵画編　49

自分流に工夫，発明

*自分流に工夫したり発明したりして，世界中にたった1匹しかいない自分だけの魚を描いてみよう！（今まで覚えた技法＋自分流）

魚の体を分割して，虹色や仲良し色（黄，黄緑，緑，青）でしましまに塗りのばしました。ひれも，青→紫→白で塗りのばしました。　　　3年生

赤，朱色，黄色のきれいな魚。ひれの色は緑系にしました。追いかけている魚は青系。小魚の色は赤系と緑系というふうに仲良し色を意識しました。魚の周りに黄色を入れて光らせました。　　　3年生

でっかいマンタと大ダコの闘い。サメも応援に駆けつけました。画面いっぱいの構図が大迫力。タコの吸盤を丁寧に描きました。タコの足が動いているように水の動きをバチックで表現しました。4年生

暗い深海できれいに光るこぶをもったコブダイは，みんなの人気者。紫と青のスクラッチ，赤系で塗りのばしたひれ，暗い海に丸ブラシの泡ぶく，虹色のウミヘビなど，工夫をこらしました。　　　3年生

虹色とスクラッチのきれいな魚と遊んでいる私たち。海底の岩もスクラッチ。にじみで魚の周りが光っている感じを出しました。青色の海で取り囲んで，波は電撃ぼかしで表現しました。　　　2年生

みんながあまり使いたがらない茶系（茶，黄土，黄）の色だけど，こんな魚がいてもいいよね。2匹が仲良く泳いでいる感じが出せました。スクラッチやバチックも取り入れました。　　　2年生

20 ネコ，大好き！（さわって，遊んで）　1～3年

　動物愛護センターでの「絵画教室（テーマ：猫とのふれあい）」の講師をさせていただいた時の絵です。センターの方がいろいろな種類の猫と，猫についてのスライドを用意してくれました。子どもたちは，スライドを見た後，気に入った猫を抱っこさせてもらいました。

(1) ネコを描こう

※色画用紙を選びます（白，黄土色，灰色など）。
※墨汁と小筆を用意します。
①顔を描きます。鼻→ひげ→口→目→耳
　輪郭は最後に描きます。
②猫の腕，手（肉球）を描きます。

(2) 自分を描こう

※鏡を見ながら行います。
①鼻の穴→開いている口→見開いた目→輪郭
②なでている手を描きます。猫の尾や模様も描きます。

(3) 絵の具で彩色しよう

・自分……白＋黄色＋朱色（マヨネーズの濃さで）
・ネコ……白＋選んだ猫の色（毛並みに沿って）

　お気に入りのネコを，大きくのびのびと描きました。太い線，細い線があると面白くなります。
　（写真は彩色の途中の状態）

21 鬼さん，いろいろ （みんな金棒持って強そう） 1〜4年

「かっこいい！」「強そう」「迫力ある」ものが好きな子どもたちにとって，鬼は格好の題材です。いろいろな鬼の絵本やお面，お祭りなどの地域の行事の写真などを資料として集めています。子どもたちは，「ぼくは，これ」「私は，これがいいな」と資料を手にとって，参考にしながら自分の鬼を創っていきます。

赤い金棒もった青鬼のお父さんの周りで子鬼たちが楽しそう。周りは，四角いスタンプ。　3年生

金棒をスクラッチ，赤鬼だから緑の服を着せてかっこよくした。牙と爪がこわそう。　3年生

岩山に住むこわい鬼だよ。「さあ，どこからでもかかってこい！」　3年生

青鬼父さんのおなかの虹色の扉から子鬼たちが出てきます。　2年生

あぐらをかいて座る紫鬼さんの赤と緑のパンツがかっこいいぞ！　2年生

貼り絵（ちぎり絵）→

黒画用紙に赤，朱色，黄色などの色画用紙をもんでちぎって貼り絵にしました。　2年生

鬼をこらしめる（どうだ，まいったか）　1〜5年

　鬼さんには少し気の毒なのですが，『桃太郎』などの昔話や「鬼は〜外」の豆まきから，鬼退治をイメージして絵に描きました。また，地域の行事や鬼の不思議な世界を描いた子もいます。

ぼくがこわい鬼をやっつけているところ。
1年生

私が桃太郎になって，鬼ヶ島で鬼を退治しているところ。
3年生

「おにわ〜そと」私の投げた豆で，鬼はスタコラサッサと逃げていく。
2年生

家の中に入ってきた鬼にびっくりして，豆を投げつけるお姉ちゃん。私は平気だよ。
3年生

ちょっとこわいけど，勇気を出して鬼に豆を投げつけるぼく。
3年生

鬼をユニークにデザイン。スクラッチが入れ墨みたい。ちょっと不気味な鬼の世界。3年生

地元の鬼追い祭りを撮影してきた写真をもとに描きました。
5年生

I　絵画編　53

㉒ ぼくの恐竜（初めての墨汁で）　1～2年

　子どもたちは恐竜が大好きです。たくさんの恐竜の名前や特徴，何を食べるのかもよく知っています。自分の図鑑を持っている子も多く，指導者よりもものの知りです。「恐竜の絵を描こうか？」「じゃ，ぼくは翼竜を描こうっと」「翼竜って？」「空とぶ恐竜だよ」A児は，恐竜展にも行ってきたので，表情が輝いています。

「うーん，次は，何色にしようかな？」

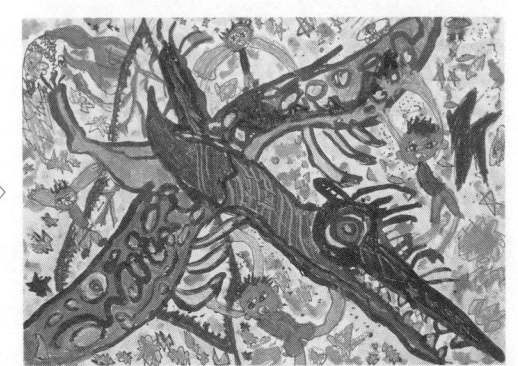

恐竜じゃないよ。翼竜だよ。翼につかまって，いっしょに火山の上を飛んだよ。　　　　　　　1年生

「いっぱい描くぞー」

ぼくが考えた面白い恐竜だよ。歯が丈夫で何でも食べるよ。　　　　　　　　　　　　　　　1年生

「ぼく，上手に描けてるでしょっ」

図鑑の恐竜を変身させたよ。かっこいいな。火山が噴火しているよ。　　　　　　　　　　　1年生

恐竜いろいろ（いろいろな技法で）　1～5年

　恐竜の図鑑を眺めるのが大好きな子どもたちですが，絵を描いているうちに，いつのまにかオリジナルの恐竜を作り出しています。

←
　3年生の時に描いた恐竜の絵に，自分流の恐竜を描き足したくなりました。墨汁を面相筆につけて，ぎっしりと描き込みました。スクラッチは鱗を描くのにぴったりだ。なんだか不思議な恐竜の世界。草食恐竜だけどとても強そうだ。
　　　　　　　　　　　　　　　5年生

恐竜たちが，珍しそうにぼくたちを見て，何か相談しているよ。そんな夢を見たんだ。　　　　1年生

恐竜VS恐竜の戦いだよ。ぼくたちも恐竜に乗って応援したよ。真ん中の恐竜は行司です。　　　3年生

恐竜の中で一番大好きなティラノサウルスを，たっぷりと墨汁をつけた筆で，はみ出すくらいにでっかく描いた。パスでスクラッチをいっぱいしたら，すてきな恐竜になった。
（背景は，絵の具でグラデーション）
　　　　　　　　　　　　　　　5年生

Ⅰ　絵画編　55

㉓ 大きな木と遊ぼう！（スクラッチ，にじみなどで）1～4年

　昔の子どもはよく木に登って遊んでいました。でも最近の子どもは，近くに登れるような適当な木がないし，あっても「あぶない！」と止められます。そこで，「こんな木があったらいいなあ」と想像の木を描いて，思いっきりその木に登ったり遊んだりしてみました。

墨汁でくねくねと登ってみたい木を描いたよ。寝転んだり，腰かけたり，ぶら下がったり，楽しいね。木の幹や枝をスクラッチで，葉っぱは塗りのばしで工夫しながら描いたよ。　　1年生

スクラッチで模様を付けた枝をいっぱい描きました。大きな揺りかごがゆーらゆら。動物たちも乗り込んできました。鳥もいっぱい飛んできました。
1年生

大きな月に照らされて，子どもたちは大木で楽しく遊びまわります。また がる子，ぶら下がる子，滑り降りる子，お昼寝する子……子どもが17人と動物が7匹いるよ。　　4年生

大木の中を大きくくり抜いて，はしごをかけたり，好きな部屋を作ったりして楽しい空間を描きました。　　3年生

ポスターを描こう

全学年

4 ポスターを描こう

1 人権ポスターを描く　全学年

「『人権ポスター』ってどんな絵を描いたらいいの？」とよく聞かれます。様々な場面で助け合ったり励まし合ったりする仲間たち，「やったー！　できたー！」とみんなの力で成し遂げることのできた喜びの共有など，身近なところに題材はたくさんあります。

運動会のダンス。ポンポン持って，みんなでおどると楽しいな！
1年生

リコーダーがうまく吹けなくて困っている友達に優しく教えている様子。
3年生

「みんな，いっしょに遊ぼうよ！」と呼びかけているぼく。友達をいっぱい描きました。
4年生

急に雨が降ってきました。濡れている下級生に傘を差しかける優しい上級生。
4年生

潮干狩りで，なかなか貝がとれない子に「一緒にとろうね」と掘り方を教えてくれる友達。
4年生

I　絵画編　57

高学年は,「人権学習」として,「道徳」の時間などで, 命の尊さ, 思いやり, 助け合い, 自己実現, 力を合わせることの喜びや大切さを学んでいます。学校現場では, そのことを「人権ポスター」にどう表していくかを話し合わせ, 題材はクラスごと, またはグループごとにまとめた方が指導しやすいと思います。

「はい, そこまで。なかよくしよう。」
みんなにこにこ顔になりました。鏡を見たり, 友達をモデルにしたりして, 鼻や口から描いていきました。
5年生

「大丈夫！もう少しでできるよ」と背中を押さえて手伝っています。
5年生

一人ひとりが, 一生懸命がんばって, 心をこめて歌っています。響き合い, 一つになる喜びを描きました。
6年生

「オーエス, オーエス！」みんなの応援のおかげで勝てたよ。
5年生

前屈をしている子の肩を押して,「もう一息だよ」と励ましています。友達が周りで応援しています。
6年生

鳥も花も人間も, みんな同じ生命だよ。大切にしよう。
5年生

② 防火ポスターを描く（防火意識を高めながら）　全学年

　火事は怖いです。普段から意識しておくべきことですが，せっかく「防火ポスター」を描く機会を得たのなら，描く前に「火事は，怖いね。どうしたら火事にならないかな。もしなってしまったらどうしたらいい？」「消防士さんの仕事って？」などと話し合う時間を持ちましょう。ポスターを描く意欲にもつながります。入れる標語はあらかじめ決められていることも多いので，前もって入れる場所を決めておくとよいでしょう。

　消防士のバックに，はしご車と救急車を描きました。火の粉が舞い，煙が渦巻いている空を背景に，必死で消火している消防士の真剣な表情と迫力ある放水の様子を表現しました。　4年生

　バーベキューの不始末で山火事発生。消防ヘリと消防士の服は，本を参考にして描きました。ポスターとして目立つようにするにはどうしたらよいかを考えながら色を選びました。　4年生

　消防車を正面から丁寧に描き込みました。力を合わせて消火している様子を描きました。文字を入れる場所をあらかじめ決めておいて，絵を描き込む位置を決めました。　5年生

　消防士の装具は本を参考にしました。ポーズを友達にとってもらいました。顔は鏡を見ながら自分の顔を描きました。火元の方向から描いたのが工夫。姫路城の防火訓練の様子です。　5年生

Ⅰ　絵画編

本の挿し絵だけでは，筒を持つ手などはよくわからないので，実際に友達にポーズをとってもらって，手の親指から描いていくと迫力ある絵になると思います。

友達にモデルをしてもらって，消防ノズルを持つ手から描き始めました。火はあえてデザイン風にしました。
4年生

消防車や緊急車両を小さく描いて，はしごの高さを強調しました。建物も奥行きを出しました。
6年生

ぼくは、消防車の中でもはしご車が大好きです。本を見ながら、はしごを一つずつていねいに描きました。でっかいタイヤのホイールの光っている部分もよく見て描きました。真っ赤な炎の周りには、灰色で煙を描きました。
（※横書きで描いたので「防火ポスター」としては出せんでしたが、満足できる絵に仕上がりました。）
1年生

Ⅱ

版画・切り絵編

5年生

紙版画

1 紙版画をしよう

1〜2年

「先生，水族館へ行ってきたよ」「よかったね〜。どんな魚がいたの？」「でっかい魚がいた。カメさんにさわらせてもらったよ」「ザリガニもいたよ」「じゃあ，そのことを紙版画にしてみようか？」「面白そう，どうやってするの？」……紙版画は子どもたちと楽しくお話しながら作っていきます。

作り方
(1)厚めの画用紙に大きく魚やザリガニ，カメなどを描いて切り抜きます。
(2)段ボール紙で魚のひれやうろこ，カメの甲羅の模様などを切り抜いて貼ります。
(3)見ている自分，魚に乗っている自分などを作って貼ります。
(4)明るい色の色画用紙に，バレンまたはプレス機で刷ります。
(5)小魚や見ている子どもたちなどをフェルトペンで描き，パスで塗ります。

前著P68〜71で詳しく解説しています。

家族みんなで水族館に行ったよ。水槽前で大きなメバチマグロと「はい，パチリ！」ガラス越しのイメージがうまく出せました。　2年生

タッチプールでザリガニがけんかしているところを紙版画にしました。厚手の画用紙や波段ボールで2匹のザリガニを作りました。　2年生

水族館で見た背びれのでっかい魚と乗っている自分を版画にしました。周りで泳いでいる魚もたくさん描きました。　2年生

カメさんのすもうをみんなで応援。「はっけよい，のこった，のこった」すき間なく密に貼ったので，本物の甲羅っぽくなりました。　1年生

紙版画の原版を再利用して①　1〜2年

　厚紙や段ボール紙などで作った紙版画の原版は，刷り終わった後も使えます。特に段ボール紙は，凸の部分だけ色が乗り，凹の部分は元の紙の色が残って，きれいな模様になります。原版を色画用紙に木工ボンドで貼り付けて，さらに背景や人物をフェルトペンやパスで描き加えます。

赤インクで刷った魚の身体は赤いまま，もともと黄色の段ボール紙を使った鱗の凹部分は黄色のままで作品になりました。　2年生

赤、青、黄の三原色のにじみを同じ方向に統一したことで、水中から水面を眺めた時の波面の感じが出せました。　1年生

初めて見たよ，タツノオトシゴ。チョウチョウウオより大きく描いたよ。水槽に入って，私も一緒に泳ぎたいなあ。　2年生

「プッチンマット」が鱗の模様になりました。スポンジ刷毛で水の流れを描きました。　1年生

紙版画の原版を再利用して②　1〜2年

　夏の終わりには，赤トンボ（アキアカネ）の乱舞を見ることがあります。それを見て喜んでいる人物の様子や，トンボに乗って一緒に空を飛んでいる自分たちを想像しました。図鑑の絵を参考にしたり，捕まえたトンボを観察したりしながら版画の原版を作っていきました。

📖 詳しい作り方は，前著P69を参照してください。

「赤トンボさ〜ん、この指、とーまれ！」2年生

刷った作品
・トンボ→赤インク　・私→黒インク

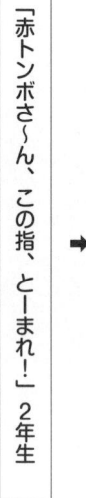

原版を使った作品

「わーい！トンボに乗って気持ちいいなー」空から見える景色も描いたよ。楽しくできたよ。 2年生

◎上の2作品は，刷った作品（左）とその原版を使って作った作品（右）の比較です。
◎1つの原版から，絵面が違う作品が2種類できます。
※段ボールやプッチンマットで，大きなトンボを作りました。髪の毛や洋服にも使いました。背景には，空いっぱいの赤トンボの群れを描きました。上の原版を使った作品には，プッチンコロッコで風の動きを，ハケでトンボの動きを表しました。

切り絵からステンシルへ

全学年

2 切り絵からステンシルへ

　1，2年生の子どもたちは，お兄さん，お姉さんが切り絵を頑張っているのを間近で見ていて，「やりたいな〜」といつも思っていたようです。自分たちもやってみたいと何度も訴えてくるので，大丈夫かな？　とは思いつつ，簡単な形（△，□，○）からやらせてみると，「できた，できた！」「もっとやりたい。自分で好きな絵を描いてもいい？」と自信をつけたようです。

📖 詳しい指導法は，前著 P82〜83を参照してください。

※用意するもの：アートナイフ，カッターマット，濃色色画用紙（端切れ），コンテ（白，灰色，黄色など）

1 はじめての切り絵 （ぼくも，やってみたい）　1〜3年

アートナイフで切るのは，初めは少し怖かったけど，だんだん慣れてきたよ。自分で絵も描いて切ったよ。　　1年生

文字にも挑戦してみたよ。　　2年生

自分で描いて切り抜いた作品

大きな色画用紙（4つ切）にコンテで鬼の絵を描いて切り抜きました。　　2年生

出来上がった切り絵を白画用紙に貼り付け，抜いた部分に彩色しました。　　2年生

Ⅱ　版画・切り絵編　65

② 楽しい切り絵（やめられない，止まらない）　3〜6年

易しい切り絵からだんだんと難しい切り絵まで、いろいろな下絵を用意しています。子どもたちは、「次はあれをしたい」と、どんどん切り絵にはまっていきます。出来上がった時の何とも言えない爽快感、達成感を味わっているようです。こんな難しいのが切れるようになったぞ、と自信にあふれた笑顔です。

3年生

地域のシンボルでもある姫路城は、子どもたちにとって人気の題材です。石垣や窓、屋根の縁など、こまかかったり細長かったりと切り抜くのが難しい所が多く時間もかかります。その分、出来上がった時の喜びもひとしおです。

5年生

6年生

③ 切り絵の下絵を作る　3〜6年

　切り絵に慣れてきた子どもたちは，黒や藍色画用紙にコンテで線描し，切り絵の下絵も自分たちで作ります。そのままではバラバラになってしまうので，面を分割し，線をつなげていきます。最初は指導者のチェックが必要ですが，だんだんと慣れていきます。

📖 前々著『基礎・基本をおさえた絵の指導』(P106〜113)を参照してください。

花八つ手を面取り，線取り，ポンチで打ち抜きなど工夫しながら画面を構成しました。裏返して台紙に貼ってから，絵の具で彩色しました。　5年生

ラッパ水仙を白コンテで描いて，花びらの線や葉脈に沿って分割しました。残す線が細くなりすぎて，ちぎれてしまわないよう気を付けながら切っていきました。　4年生

切り絵だけではもったいないので，右の作品をそのままステンシルの台紙にしました。

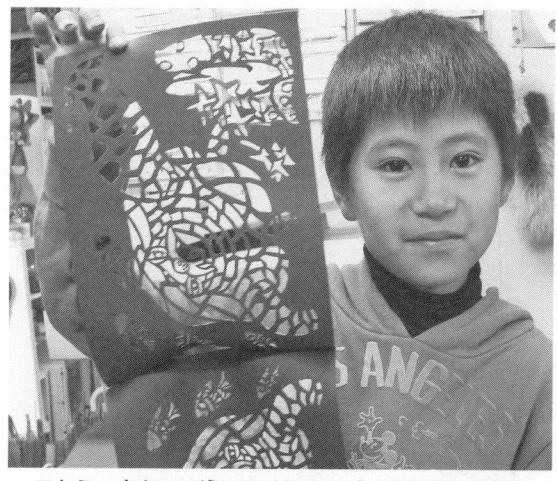

こちらへ向かって泳いでくるウミガメを正面から画面いっぱいに描いて，切り絵にしました。下絵から切り絵の完成まで2時間で仕上げました。　4年生

④ ステンシルに挑戦　5〜6年

　筆で描くのとはまた違って，ステンシルでは，鋭い特徴のある線を表現できます。絵の具はチューブから出したままのものを使い，ほとんど水で薄めません。スポンジ片で叩くように色を置いていきます。はみ出さないように，隣の面を覆う小さな紙片をたくさん用意しておきます。

「夕焼けの姫路城」6年生

「古代魚」6年生

「ふようの花ってすてき！」6年生

「ルピナスと蝶々」6年生

暗い色の台紙に映えるように，絵の具には必ず白を混ぜます。光っている部分は，上から白を重ねます。

「鬼まつりに参加したよ」5年生

一版多色刷り版画　　　　　　　　　　　　　　　　　　　　3～5年

3　一版多色刷り版画をしよう

※一版多色刷り版画については，前著で詳しく紹介しています。本書ではできる限り重複しないように気を付けていますが，重要な内容については再掲しています。（前著P72～75参照）

◎一般多色刷り版画は，黒または藍色の画用紙に色彩豊かに刷り上がり，バックの濃さで引き締まった絵となります。出来上がった時の子どもたちの喜びもひとしおです。

◎使う彫刻刀は，三角刀と切り出しの2種類だけです。線彫りだけでできるので，3年生ぐらいから十分取り組めます。

［制作を始める前に］

◎けがに注意！　子どもたちは，彫刻刀を初めて使います。まず安全な彫刻刀の使い方をしっかりと教えておく必要があります。

※使い方の指導の前に，子どもたちの持っている彫刻刀を確かめてください。錆びたものや，切れ味の悪いものでは，上手く彫れませんし，けがの原因にもなります。

📖「使い方の指導法」と「彫刻刀の確認」については，前著P72を参照してください。

◎絵の具をたくさん使います。特に白が必要です。前もって，子どもと保護者に連絡しておきましょう。

◎版木（シナベニヤ板）はA3サイズが適当だと思いますが，制作時間に制限がある場合は，A4サイズでも可能です。

① 上手な彫り方

［下絵を描く］　　※左右反転に注意してください。

◎左右反転しても構わない絵の場合は，版木に直に鉛筆（2B～4B）で下描きします。

◎左右反転しては困る場合（楽器を持つ手，文字……など）は，薄い紙に描いた下絵を裏返して食用油を塗り，カーボン紙で描き写します。

◎一般的には油性フェルトペンでなぞって仕上げますが，絵によっては筆と墨汁で描かせることもあります。毛筆だと線の強弱が出せるからです。

彫る

📖 前著P72を参照してください。

◎三角刀は常に手前（下）から上に向かって彫っていきます。

　曲がった線，くねった線，円い線などの時は，版木を下から上に向かって彫ることのできる向きに回転させながら彫ります。

◎ストップ箇所に切り込みを入れておきます。

　勢い余って手が滑り，彫る予定でない所まで刃の先が入ってしまうことがあります。（A図）

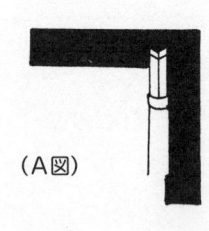

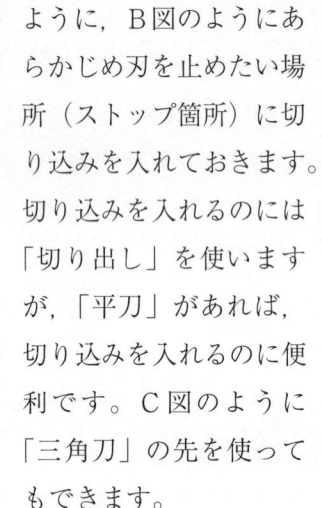

（A図）

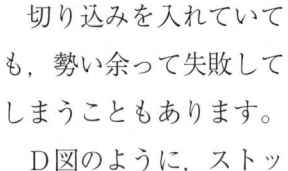

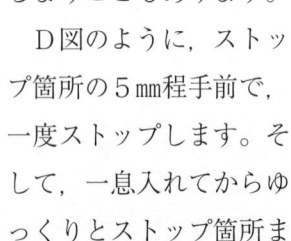

　このようなことのないように，B図のようにあらかじめ刃を止めたい場所（ストップ箇所）に切り込みを入れておきます。切り込みを入れるのには「切り出し」を使いますが，「平刀」があれば，切り込みを入れるのに便利です。C図のように「三角刀」の先を使ってもできます。

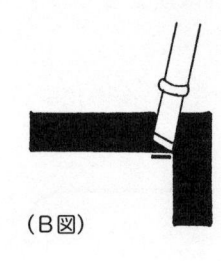

（B図）

（C図）

　切り込みを入れていても，勢い余って失敗してしまうこともあります。

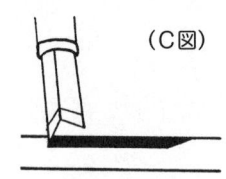

　D図のように，ストップ箇所の5mm程手前で，一度ストップします。そして，一息入れてからゆっくりとストップ箇所まで彫り進めます。

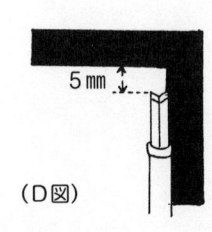

（D図）

刷る

📖 前著P73～74を参照してください。

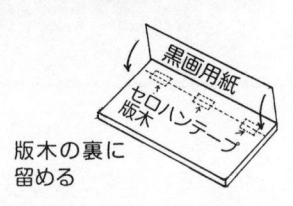

版木の裏に留める
（黒画用紙／セロハンテープ／版木）

[彩色で気を付けたいこと]

◎絵の具の濃さは，マヨネーズぐらいの硬さが望ましいです。

◎絵の具が硬くなってしまっている場合や，エアコンなどで絵の具が乾燥してきた時は，スポイトで少しずつ水を足して，マヨネーズぐらいの硬さに戻します。

◎刷る紙が，黒または藍色の暗い色なので，朱色・黄色・黄緑色・セルリアンブルーのように特別に明るい色以外は，白を加えないと暗くなります。

◎1色だけだと，平坦なペンキで塗ったような絵になってしまいます。少なくとも3色程度の色を重ね置いて刷ると，厚みと深みのある絵に仕上がります。（本書P72参照）

◎1回に刷る面積は，広くても5cm四方程度にとどめましょう。広い面積に絵の具を置くとはじめに置いた絵の具が乾いてしまい，うまく刷ることができません。また，版面に置いた絵の具が乾いてしまうと，その上に絵の具を重ねようとしても，絵の具の乗りが悪くなります。特に期間を空けて制作する場合，塗った絵の具が盛り上がるように乾いてしまって，全く色が乗らなくなることもあります。版面全体に一度に色を置かず，部分部分から仕上げていきましょう。

② 下絵を毛筆（墨汁）で描く（読書感想画より） 3〜5年

下の一般多色刷り版画は，毛筆（墨汁）で下絵を描いた作品です。筆を使うと線に強弱が出ます。

右図は，下絵を筆とフェルトペンとでなぞり分けたものです。比べてみてください。

毛筆（墨汁）

フェルトペン

『じごくのそうべえ』（田島征彦作）より
4年生

※「生命（いのち）あるもの」（人物，動物，鳥，昆虫，魚，花……など）を描く時には毛筆で，建物や工業製品，器物など硬い線がほしい場合にはフェルトペンを使うなど，使い分けてみてもよいかもしれません。

『りゅうとにわとり』（儀間比呂志作）より
3年生

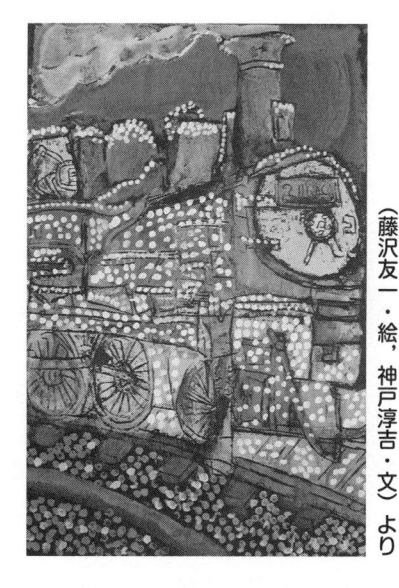

「雪国からの汽車」絵本を模写して自分なりに再構成しました。白絵の具をつけた綿棒で雪を表しています。
『はしれクラウス』
（藤沢友一・絵，神戸淳吉・文）より
4年生

子どもは絵本が大好きです。挿絵を模写しながらも，お話から受けたイメージを豊かにプラスして，自分なりの世界を作り上げていきます。

3　一般多色版画の色刷り

　P70でも書きましたが，単色のみだとペンキで塗ったような平板な絵になってしまいます。本書掲載のモノクロ写真の作品では，その差がわかりにくいかもしれません。指導の前に，一度試してみられることをお勧めします。

《例：「カニのはさみ」の彩色》

※生きているカニは青緑色にやや灰色がかった色のものが多いのですが，茹でて赤くなったときの色の方が，迫力が出て面白く表現できます。

①シナベニヤ板の切れ端か年賀状用の版木に，三角刀で右図のような輪郭線を彫ります。

②版木を水で湿らせ，乾いた布で拭き取ります。

　※版木に水分を少し含ませると，絵の具の乗りがよくなります。

③絵の具は，赤，朱色，黄色（レモン色でもよい），白を用意します。

④赤に少し白を加えた色を，全体に塗ります。

　※塗る面積は5cm四方を越えない。

　※赤は明度が14度で，やや暗いので白を加える。

⑤次に朱色を，点々の部分と白い部分（上図）に置きます。

⑥最後に，真ん中の白い部分に，黄色を置きます。さらにその上に白を加えると光った感じが出ます。

⑦黒または藍色の紙を載せて，バレンで刷り上げます。

「迫力あるカニのはさみ」が刷り上がりましたか。

※朱色や黄色を置いた上に，赤を点々と置いて刷ると，赤いブツブツのあるカニのはさみが表現できます。

子どもたちに指導する前に，まず指導者が体験してみてください。

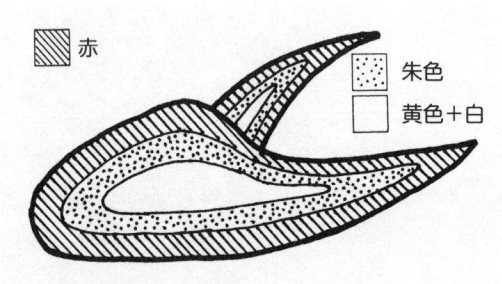

④ 子どもたちの作品（一例）

《地域の伝統文化》
地元の寺院の「鬼追い式」に参加した後，写真をもとにして描いた作品です。

4年生

《花と私》

4年生 　　3年生 　　3年生

《動物園にて》

「あまえんぼう」
3年生

「フラミンゴの親子」
3年生

《昆虫大好き》

「カマキリと遊ぶ」
4年生

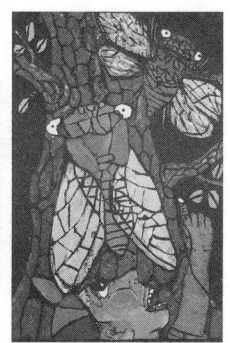

「セミ捕り」4年生

《水族館にて》
水族館での出来事を思い出しながら，絵本を見て描きました。

「人魚になって遊んだよ」4年生

「こわそうな魚」4年生

「カニもびっくり」
4年生

「羽のあるお魚！」3年生

「サンゴの中の魚」4年生

Ⅱ　版画・切り絵編

木版画

5～6年

4 木版画をしよう

📖 木版画の技法については，前著 P76～81を参照してください。

1 どの彫り方が好きですか

（この作品のみ A4 サイズ）

[A] 黒の線と面で表現
5年生

[B] 影と筋肉の流れを表現
4年生

[C] 黒地に白抜きで表現
5年生

　表現方法は様々です。上記の絵はその一例にすぎません。好き嫌いは鑑賞する人の好みによって異なりますし，どんな彫り方が良いか悪いかなどとは一概に言えません。

[A] の彫り方は，対象物がくっきりと浮き上がり，すっきりとした画面が作れます。
[B] の彫り方は，人物を立体的に表現できます。現在，私たちはこの方法で指導しています。
[C] の彫り方は，ダイナミックな画面を表現できます。彫る面積が比較的少なく，短時間で仕上がります。

　版画の題材にはいろいろありますが，私たちは人物画を多く描かせています。指導の中で，手や足，顔などを自信を持って描けない子どもたちが多いことに気付いたからです。木版画ではしわや筋肉の流れなどを意識して表現することが必要になります。木版画の指導を通して，自信を持って人物画が描けるようになることもねらいにしています。

② 人物画の背景の例

《光と影で表現》

[A] 5年生
効果線を放射状に配置して人物を浮き上がらせました。

[B] 5年生

[C] 5年生
平刀による「ぼかし」(前著 P78参照) と，三角刀の先で「引っかくように，こそげて」光と影を表現しました。

《室内の場合》

[D] 5年生
日本伝統の「障子」

[E] 5年生
クロス壁

[F] 5年生
板壁（簡単な線彫り）

[G] 5年生

※ [G] や [H] のように，本来なら書棚や時計等の背景を丁寧に描き込んでいきたいところですが，時間がかけられない場合は，光と影で表現したり，障子・クロス壁・板壁等でまとめてしまいます。

[H] 5年生

《室外の場合》

◎光と風の流れを表すようにして空を表現します。

[I] 5年生　　[J] 5年生　　[K] 5年生

彫り方

《光と風の流れの表現》

[A] の作品

背景は，放射状に線を描き，顔や衣服の周りは，白くなるように三角刀と丸刀で彫ります。放射線は三角刀で，外にいくほど黒が多く残るように彫ります。

[B] [C] の作品

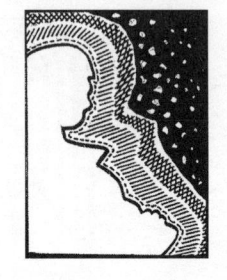

体の線に沿って三角刀で彫ります（点線の部分。※本来は切り出しで線を入れる）。そこから数cm程は丸刀で放射状に彫ります（斜線部）。

次に，平刀を斜めに使って「ぼかし」をつけます（網目の部分。※前著P78参照）。さらに，三角刀の先で「ひっかくように，こそげて」細かい穴を彫ります。穴は，外にいくほど小さくします。

[I] の作品

人物を中心にして，円を描くように丸刀で彫ります。外にいくほど黒が多く残るように彫ります。

[J] [K] の作品

人物の背後に，光や風が空高く舞うかのように線を描きます。丸刀で，中心は明るく，外にいくほど黒が多く残るように彫ります。

③ 人物を立体的に表現する（顔や衣服の影，筋肉の流れ）

《顔や手の筋肉の表現》

版木の木目に逆らって，切り出しで細かく切れ目を入れます。次に，切り出しの刃を逆にして，ボロボロとひっかき落としていきます。「ぼかし」の手法の一つです。

この技法は，私が独自に行っているもので，正式名称はわかりません。「ひっかき法」と名付けて指導しています。

光が当たる部分と影になる部分を意識します。影を斜線で表現します。

筋肉の膨らみを考えて，頬は丸く，手足は丸みをおびるように彫ります。

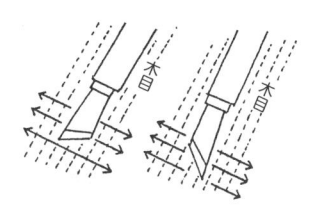

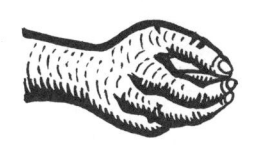

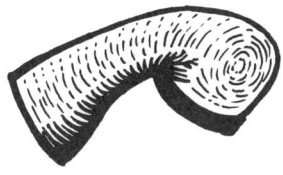

5年生

5年生

《衣服のしわの表現》

5年生　［肩の袖のしわ］

5年生　［衣服が，白の場合］

5年生　［衣服が，黒の場合］

Ⅱ　版画・切り絵編　77

④ 彫刻刀の使い方

(1) 彫刻刀の種類

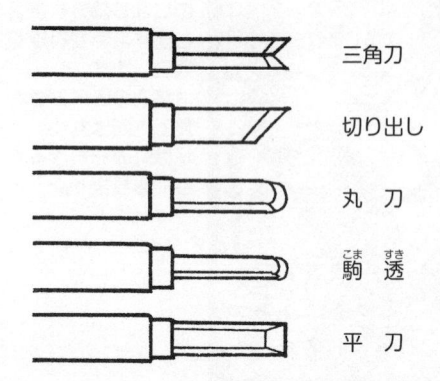

- 三角刀
- 切り出し
- 丸刀
- 駒透(こますき)
- 平刀

　版画作品は，稚拙な技術でも面白い作品ができる場合があり，そこが楽しいところでもあります。しかし，私は小学生のうちに基礎・基本となる「5本の刀」を使いこなせるようにしてあげたいと思っています。各々の刃の形状を知って，使い分けができることが大切です。技術を身に付ければ，それだけ表現の幅が広がるのですから。

(2) 割れにくい彫り方は？

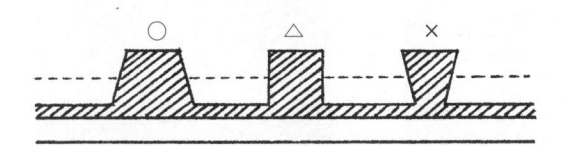

○　△　×

　版木の横から断面を見たところです。台形になっている左図が丈夫な形です。三角刀を使用する場合は，自然に台形になります。中央の彫り方は，印鑑のように長年使ってすり減っても形が変化してしまわないことを求める場合です。右図は，割れやすい形です。

(3) 三角刀の便利な使い方

◎三角刀は線に沿って彫るのに使いますが，最後のところで下図のように三角形の「彫り残し」ができてしまいます。

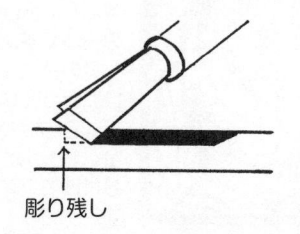

彫り残し

　普通，こういった細かい部分は「切り出し」で処理をするのですが，三角刀の先を「切り出し」のようにして使うと，持ち替える手間を省くことができます。

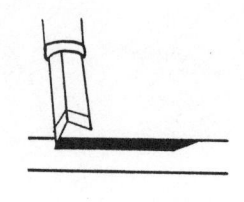

◎右図のように，三角刀で彫った線の先が重なるようにすると，彫り残しができません。

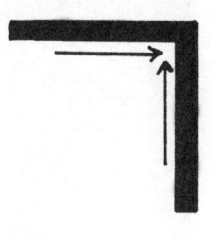

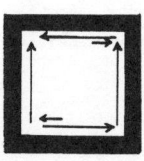

※矢印の順に彫っていきます。
※それでも角がきれいに彫れない時には「切り出し」を使います。

(4) 「丸刀」・「こますき」の応用

《円い部分を彫り取る場合》

◎円周の大きさに合わせて,「丸刀」や「こますき」を次のように使うと便利です。

◎「丸刀」や「こますき」は,下の図のように立てて版木に押し込み,左右に振ると,刃先が版木にうまく入ります。ただし前後に振ると刃先を傷めます。

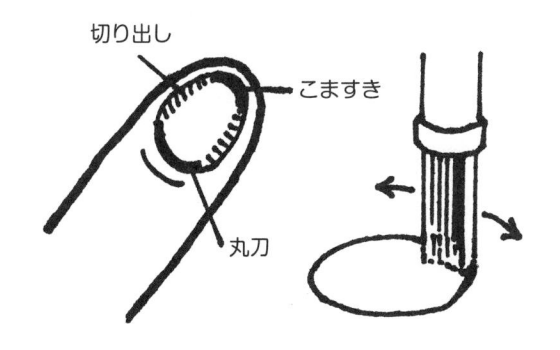

◎直線に近い線には「切り出し」を使います。

◎下の作品では,黒い衣服から水玉模様を白で抜いています。このような時には,「丸刀」や「こますき」が便利です。

5年生

(5) 「切り出し」の使い方

《持ち方と使い方》

◎「切り出し」は,利き手で鉛筆持ちをし,もう一方の手の指で峰側を押します。

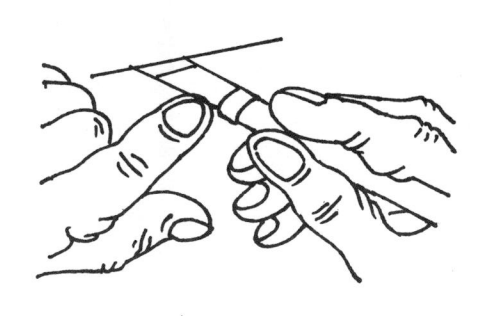

◎「切り出し」を使う時,指が痛いと訴える子どもがいます。一度に深く彫ろうとしないで,何回かに分けて刃を入れるようにすると,指の痛みも少なくなります。

◎「切り出し」の刃先を斜めに入れると,右図のように,版木の中で切れこみが交差して,台形の壁を容易に作ることができます。

◎「切り出し」が上手に使えるようになると,どんな小さな部分でも,きれいに彫れるようになります。

《応用してみましょう》

［例1］小さな三角形を彫り抜く

ごくごく小さい三角形ならば,矢印通りに「切り出し」を入れるだけで,右図のような切れ込みが入り,簡単に三角形の凹版を作ることができます。

彫り跡

Ⅱ 版画・切り絵編

[例2] 連続する小さな四角形を彫り抜く

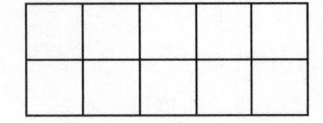

⇨ 拡大図

◎上図のように、小さい四角形が複数並んでいる時は、一つ一つを彫るよりも、矢印の番号順のように彫ると、版木を彫りやすい向きにいちいち変えずに彫り進めることができます。

◎版木の木目に垂直な方向から彫り始めると、残すべき線を切り落とす失敗が少なくなります。

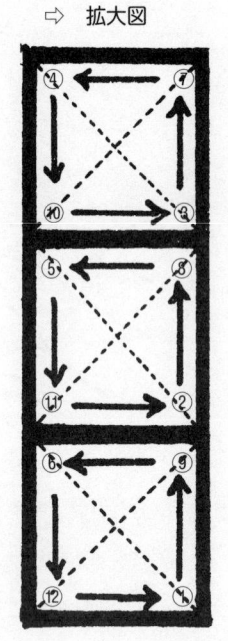

[例3] 大きな四角形を彫り取る（中が広い場合）

◎図の点々の部分に「切り出し」を左右から斜めに入れ、三角形の溝を作るようにして彫り取ります。次に、中央を「こますき」「丸刀」で彫り抜きます。

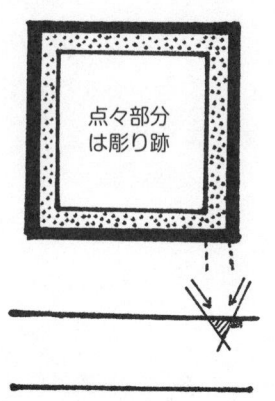

点々部分は彫り跡

※彫り取る部分が十分に広い場合は、「三角刀」を使ってもよいでしょう。（[(3)三角刀の便利な使い方]の項を参照)

(6) 「平刀」の使い方

📖 前著 P78，本書 P76を参照してください。

◎「丸刀」で彫った跡を、平らにしたい時に使います。

◎角をきちんと彫る時に使います。

◎「平刀」を斜めにして、版木の表面を削ると「ぼかし」になり、石垣や人物の背景などの「ぼかした影」を表現することができます。

(7) 彫刻刀の切れ味について

◎彫刻刀の切れ味が悪いと、良い作品もできませんし、けがの原因にもなります。

◎子どもたちが持ってくる彫刻刀の中には、錆びていたり、切れ味の悪かったりするものがあることがしばしばです。聞いてみると、兄や姉から譲り受けた物だそうです。「切り出し」や「平刀」なら、比較的簡単に研ぐこともできるのですが、「三角刀」「丸刀」「こますき」は、なかなか思うようには研げません。子ども用の廉価な彫刻刀は焼きが甘く、砥石で少し力を入れるだけで刃先がなくなってしまいます。研ぐとしても、恐る恐る切れ味を確かめながらにしてください。事前に保護者に詳しく説明して、協力を仰いでおく必要があるでしょう。

(8) 一度刷った版を直したい

◎版木のインクを古新聞紙などで拭き取ります。次に古新聞紙に彫り直す部分の大きさくらいの穴を開け、版木の上に置いて彫り直すと手が汚れにくくなります。

5　大きな口を開けて（叫んで！　びっくりして！）

　版画の人物画制作では上半身のみを描くことがほとんどです。全身を描くと絵が小さくなるので彫るのが難しくなりますし，時間もかかります。また表情の変化や手指や衣服のしわの流れに意識を向けさせ，立体的な表現を工夫させるには半身像の方が適当だと考えています。それでも下絵から刷り上げるまでに，最低8～10時間を要します。版木の大きさは，制作のしやすさや作品展への出展のことも考慮して，ひだまり教室ではＡ３サイズ（420×297㎜）を使用していますが，見出しのテーマ「大きな口を開けて」の場合はＡ４サイズ（297×210㎜）の版木でも十分表現することができます。（※ P74の［Ｂ］の作品はＡ４サイズ（4年生の作品））

《導　入》

(T)「今日は，おもしろい絵を描きましょう」
(S)「おもしろい絵って?!」
(T)「人間って，泣いたり，笑ったり，怒ったり，びっくりしたりするよね。そんなとき，いったいどんな顔をしてるかな？手はどんな形になっているかな？」
※ここで指導者自身が子どもたちの前で「百面相」を実演する。（大笑いする子どもたち）
(T)「次は君たちがやってみよう。それを絵に描くよ」
※一人ひとりに鏡を配る。
(T)「大きく開けた口の奥に，何が見える？」
(S)「のどちんこが見えま～す」
　　（※「のどちんこ」は口蓋垂（こうがいすい）の幼児語）
(T)「歯は，上と下でどう違う？」
(S)「上の前歯2本が大きいかな」
(T)「頭の上に何かすんごーいものがあるよ。そっちを向いてみよう」「首はどうなってる？」
(S)「首は，ななめになってま～す」「あっ，鼻のあなの中まで見えた」
(T)「よく気が付いたね」「目玉はどうかな？」
(S)「先生，上を見てると目玉は見えません」
(T)「それはそうだ。じゃあ友達同士で見合いっこしよう」「手の形は，どんなかな？」
(S)「おどろくと指の間が広がるね」
(T)「では，まずのどちんこから描きましょう。次に，歯⇒唇⇒鼻⇒目⇒顔全体へと広げて描いていきます」
　「頭が版木からはみ出してもかまいません。大きく，のびのびと描きましょう」
　「今回の目標は，『表情豊かな』絵を描くことです。大きな口を開けて叫んだりびっくりしたときの口の形，目の様子，顔の向き，手の位置と形をよく見て，絵に表してください」

※下絵は，2Ｂ～4Ｂの鉛筆で板木に直接描き，上から墨汁で仕上げます。筆を使うことで，自然に線の強弱が出ます。彫り残す部分は墨汁で塗りつぶします。

※白黒の面積の配分は難しいので，指導者が個別にアドバイスする必要があります。

※彫った跡がわかりやすいように，彫り取る白い部分にも薄墨を塗っておきます。

5年生

Ⅱ　版画・切り絵編　81

5年生 「おーい！ 聞こえる？」

5年生 「たいへんだよー！」

5年生 「こっちへおいでよ！」

5年生 「あらいやだ！」

5年生 「私，バッタ苦手なの！」

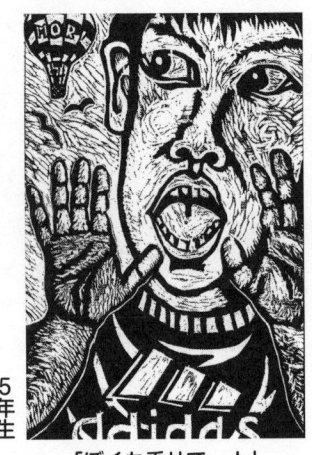

5年生 「ぼくも乗せてー！」

5年生 「頭の上に何かいる！」

　子どもたちは，いろいろな場面を想像しながら，鏡に向かって，それぞれの表情を作り上げました。
※本書に掲載している陽刻の木版画の作品はすべて5年生の作品です。ひだまり教室では，基本的に5年生で陽刻の木版画に取り組んでいます。

6　麦わら帽子をかぶって遊ぶ

※前著P80でも紹介しましたが，麦わら帽子は夏休みの子どもたちの姿を表現するのに最適な題材です。新たな作品を加えて再掲載しました。

　子どもたちにとって，「夏休み」は楽しみにしている最高の遊びの期間です。自然の中で事故のないように遊んでほしいものです。「熱中症」にも気を付けなくてはいけません。小さな帽子ではなく，昔ながらの，「つば」が広くて，風通しのよい「麦わら帽子」が最適です。

　夏休みが終わった後，子ども自身が体験したことをもとに描きました。ですから描いたのは秋になります。

　秋は行事のたて込む季節です。学校の授業で描かせようとしてもゆっくり時間をとることができません。冬場か次の夏休み前になるかもしれませんね。体験ができない場合は，「夏休みにしてみたい遊び」を描くことにするとよいでしょう。

5年生

帽子の編み目模様は，一見大変そうに見えますが，線彫りなので，意外と簡単にできます。

《導入》

◎夏休みに，どんな遊びをしたかを話し合います。
◎炎天下での遊びなので，麦わら帽子をかぶった絵にすることを条件にします。

《下絵を描く》

◎実物の麦わら帽子と，画用紙に描いたものとを用意して，描き方と彫り方を説明します。
◎体の動きは，友達同士でモデルになり合います。
◎他の準備物・・・たも網（すくい網）などの小物，風景や植物などの写真，昆虫などの図鑑

5年生　「あっ，蝉だ！」

5年生　「川遊び」

5年生　「朝顔の世話」

7 楽器を演奏する

　多くの学校で毎年，「音楽会」が開かれます。また，ピアノやバイオリンなどの音楽教室に通っている子どもたちもいます。心を豊かにするための芸能活動の一つですが，複雑な手の動きや一生懸命取り組む姿は，絵の題材としても適していると思います。

下絵の段階での注意

※版画は刷り上がりが，左右反転します。

《下絵の描き方》

◎楽器を演奏する自分自身を，鏡を見ながら描くのは難しいと思います。友達同士でモデルになり合えばよいのですが，デッサンにはかなり時間がかかります。ひだまり教室では，その場で写真を撮り，プリントしたものを見ながら描かせています。あらかじめ写真を用意させておいてもよいでしょう。

◎直接，版木にデッサンしてそのまま彫ると，刷り上がりの画面は左右反転してしまいます。ですから下絵の段階で，「左右反転」させておく必要があります。

◎下絵を反転させたい場合，版木にではなくまず薄い紙に描きます。その紙に食用油を塗ると紙の裏側に下絵が透けて見えます。紙を裏返して，カーボン紙を版木との間にはさみ，反転した下絵を版木に写し取ります。

　　薄い和紙に下絵を描き，裏返して版木に糊で貼って，紙ごと彫る方法もありますが，よく切れる刃物が必要なので，子どもの制作には向かないと思います。

※楽器の左右が反転していても，個人の演奏の場合は作品として，それほど違和感はありません。P75，P77，P79にも左右反転したままの作品がありますが，気付かれましたでしょうか。しかし，下絵の段階で反転できるのならしておいた方がしっくりくるでしょう。

※文字は不自然になるので，反転はご法度です。アルファベットは左右対称だからといってそのまま彫ると右横書きになるので注意が必要です。

息を吹き込んでいる様子が頬の筋肉の表現から伝わります。
5年生

人物と楽器のバランスや演奏する手の入れ方など，構図を工夫しています。　　5年生

口元の緊張感と指先を見つめる視線が、一生懸命さを伝えています。　5年生

鉄琴や木琴の場合は、左右が逆転してもそれほど不自然ではありませんが、鍵盤（音板）の低音側（左）は長く、高音側（右）は短くなっています。リコーダーも厳密には孔に左右差があり、左手が上です。

服の柔らかな素材感がよく出ています。細く短い線を残すことで、鉄琴の鈍い金属光沢を表現しました。　5年生

ピアノを弾く手を、大きく強調して描きました。腕の丸さを彫り跡で表しています。　5年生

音符を入れて、「音」を画面に乗せました。音楽が聞こえてきませんか。　5年生

鼓面（叩く部分）を、丸刀で同心円状に彫り、革らしさを表現しようとしました。

ひだまり教室では、楽器もいくつか用意していますが、さすがに大型の木琴やトロンボーンなどはありません。音楽会やクラブ活動で担当したからぜひ描きたいという子どもには、楽器の写真を見せて、演奏するポーズと組み合わせて描かせています。

木琴を叩く「ばち」を持つ手を中心にして描いた作品。表情から真剣さが伝わってきます。　5年生

Ⅱ　版画・切り絵編　85

8　花と人間

　四季折々の花は心を癒してくれます。花は，ただ美しいというだけでなく力強いものでもあります。真夏の炎天下に咲く向日葵(ひまわり)，芙蓉(ふよう)やムクゲの花。寒中に咲く日本水仙や福寿草。踏まれても立ち上がるタンポポなど……。その生命力に感嘆させられます。

※画面に花だけを描くのもよいのですが，昆虫や鳥などと組み合わせると画面に動きが出ます。
※「花と自分」や「花と友達」，もしくは「盆栽の手入れをする父」や「生け花をする母」などというテーマで，人物画と同時に取り組むこともできます。
📖版画としてではありませんが，絵画としての「花の絵の描き方」は，前著P14〜23で詳しく解説しています。

「真っ白なカラーの花」5年生

「ホトトギスの花に止まるアキアカネ」5年生

「ヒオウギと私」5年生

「私の背より高いヒマワリ」
5年生

［メルヘンの世界］
「朝顔の花の上で遊ぶ子ども（妖精）たち」
5年生

> ※イラスト風の妖精たちの絵に合わせて，この版画では朝顔も少しデザイン的になっています。
> ※写実的な絵とデザイン的な絵を組み合わせてみるのも，手法として面白いと思います。

「あっ！　ヒマワリでセミが休んでる」
5年生

「コリウスの葉って花みたい」
5年生

Ⅱ　版画・切り絵編　87

⑨ スポーツ・遊び・趣味

子どもたちは，野球・バレーボール・サッカー・水泳・体操などのスポーツや室内外での遊び，様々な趣味を楽しんでいます。夢中になって遊んでいる姿，真剣な表情は絵になります。子どもたちと会話しながら，個々の好きな場面を引き出して版画にしてみましょう。

「黒田官兵衛の凧作り」
5年生

「秋空の下でのキャッチボール」
5年生

「そぉーれ！」
5年生

「慎重に，慎重に」
5年生

「ダンボールでサッカーボールを作ってみたよ」
5年生

「えいっ！」
5年生

⑩ 身近な動物

　子どもたちは，生きものが大好きです。全国の多くの学校で「小動物」を飼育しています。ウサギ・ニワトリ・小鳥，水槽ではメダカ・金魚・ザリガニ・カメや地域特有の魚など……。描くことは，対象をよく観察することにつながり，そして「生命の尊さ」とより向き合える機会になると思います。

※右の木版画は、それぞれ下記のような会話の中から生まれた作品です。

5年生

（S）「先生，ニワトリを描きたいんです」
（T）「いいですね。先生の所でも，昔飼っていたんですよ。でも今はいないから，図鑑で見てみようか」
　　「オスとメスと何か違うね。気付いたことはある？」
（S）「オスのトサカの方が大きくて立派です」
（T）「脚を見てごらん。どう思う？」
（S）「うーん，恐竜の脚みたい。ウロコがあるし，爪がとても強そうです」
（T）「他には？」
（S）「足の後ろにもう一本爪のようなものがあります」
（T）「よく気が付いたね。それは『蹴爪（けづめ）』です。オス同士でケンカする時には武器になります」
（S）「とっても強そうです！」
（T）「そうだね。今日はニワトリの力強さを絵にしてみようか」

> ※兵庫県豊岡市には，「コウノトリの郷公園」があります。絶滅寸前になっているコウノトリを繁殖させ，自然界に戻す取り組みをしています。

　教室に通う子どもの一人が，親子で「コウノトリの郷公園」を見学して写真を撮って持ってきました。
（S）「この写真をもとに木版画にしてもいいですか？」
（T）「すてきな写真が撮れましたね。ところで見学してどんなことがわかりましたか？」
（S）「コウノトリが減ったのは，農薬でえさがなくなってしまったことも原因だったと知りました。でも，地域で農業をしている人たちの協力を得て，今では放鳥にも成功しているそうです。自然と共存していくことが大切なんですね」
（T）「素晴らしい勉強をしてきましたね。今回は，その思いも大切にして描いてみましょう」

5年生

> ※かつて，大学入試で「ニワトリを描け」という問題が出て，「4本足のニワトリ」が続出したそうです。ユニークさという点なら加点してあげたくなるところですが，試験官の意図はそこではないでしょうし，おそらく本人は大まじめに描いたのでしょう。実物を見ないで描くというのはなかなか難しいものです。理科的な力も必要ですね。

《水族館でしか見られない「カメ」の姿》

5年生

5年生

(S)「この連休に、水族館に行くんです。ウミガメを見てきます」
(T)「楽しみだね。そうそう、カメと言えば、
　　　　"鶴は千年、亀は万年"
という言葉を知っているかい。そんなにも長生きするという意味だよ」
(S)「うそ！　そんなには生きられないでしょう」
(T)「そうだね。普通のカメの寿命は30～50歳だね。でも、ゾウガメは100歳以上、なかには200歳まで生きる種類もいるそうだよ」

(S)「そうなんだ。図鑑で調べたらわかるかな」
(T)「水族館にはカメに詳しい係りの人もいるから、いろいろ聞いてくるといいよ」
「ところで水族館では、ウミガメが泳いでいる姿をいろいろな方向から見ておいでよ。下から見たり、正面を向いている姿も見て来てほしいな。できたら写真に撮っておいで。
図鑑では、ほとんど真横か真上から見たものしか載っていないけど、実際に自分の目で泳いでいるところを見ると面白いよ」

《水槽の中のザリガニ》

5年生

《こちらを向いたエンゼルフィッシュ》

5年生

※水族館や動物園は、普段直接目にできない生き物とふれあえる機会を提供してくれる貴重な場所です。学校行事として行く機会があれば、事前に子どもたちと話し合い、見ておくべきポイントを確認しておくのがよいでしょう。学校や教室の飼育水槽を普段から一緒に観察して、観察眼を養っておくことも大切です。

⑪ 地域の文化財

　身近な所に，先祖が残してくれた様々な文化財があります。そこに行って写生したものをもとに木版画にするのが本来であると思いますが，できない場合は写真をもとにして描いています。

　寺社は，地域の歴史を持っています。先祖が，健康・安全・豊作・豊漁を願って建立したものであることなどを地域の人に教えてもらって描くと，心のこもった絵になると思います。そういった場が持てない場合でも，指導者が前もって調べておいたことを，子どもたちに伝えて絵の導入とします。

国宝・世界遺産「姫路城」 5年生

「姫路城としゃちほこ」 5年生

「ムクゲの花と氏神様」 5年生

「姫路市立美術館」 5年生

⑫ 自由作品

恐竜が大好きですが，古代のワニも好きです。図鑑を見て描きました。 5年生

図鑑から飛び出した始祖鳥を標本にしました。 5年生

Ⅱ　版画・切り絵編

13　少ない時間で木版画を制作するには

　作品を展覧会などに出品する場合は，それなりに時間をかけたものが望ましいとは思います。下絵から刷り上がりまでに十数時間かかることもあります。学校では，十分な時間がとりにくい現状もあるでしょう。だからといって，全く取り組まないというのではもったいないと思います。「彫刻刀の使い方を知り，実際に使えるようになる」機会もつくってあげたいです。そのためには，限られた制作時間で完成させる手立ても必要です。教室の背面の壁などにクラス全員の作品を展示できたなら壮観でしょう。

時間を短縮する方法

(1) 版木の大きさを，一般的な大判450×300mm（A3サイズより少し大きい）ではなく，8つ切り判360×260mm（ほぼB4サイズ），もしくは小判300×225mm（ほぼA4サイズ）で制作します。
　※ちなみに，ひだまり教室では，作品をコピーして残しておくために，版木のサイズはAやBを基準としたものにしています。掲載されている作品はすべてA3です（P74の［B］の作品のみA4サイズ）。

(2) 黒い背景に白抜きで表現します。凹版主体の線彫りだけなら簡単ですし単純に彫る面積は小さくなります。ただし三角刀が主体となるため，彫刻刀それぞれの使い方を学ばせるには，凸版の部分も組み入れる必要があります。

(3) 左右反転しても構わない題材を選び，版木に直接2B～4Bの鉛筆で下絵を描きます。

(4) 写真をもとにして下絵を作る場合，コピー機やPCソフトウェアの左右反転機能を利用してプリントアウトしたものを見ながら，版木に直接2B～4Bの鉛筆で下絵を描きます。

　　※学校の授業では，(4)の方法は準備の時間やコピーの費用の問題で難しいでしょう。ひだまり教室には，コピー機もPCもありますが，下絵の反転について指導するために，あえて後述する「鉛筆カーボンコピー」法で描かせています。

←《左絵の例……小さめの版木，黒い背景に白抜き》
［注意事項］
・絵は大きめに描き，できるだけ細かいところがないようにします。
・線は，太めにして彫りやすくします。
　※体操着をイメージしています。服が白いので，髪の毛・教科書・背景を黒にしてみました。時間があれば，襟や模様のある服の方がよいでしょう。

【資料】「鉛筆カーボンコピー」ってご存知ですか

「一版多色刷り」と「木版画」の項で，下絵を左右反転する方法として，薄い紙に下絵を描き食用油を塗って透けたものを裏返す方法，コピー機やPCソフトフェアの左右反転機能を利用してプリントアウトしたものを見ながら下絵を描く方法を紹介しました。また版木に写し取る方法として，下絵と版木の間にカーボン紙をはさんで写し取る方法を紹介しました。ここではそれ以外の方法についていくつか紹介します。

光に透かして写し取る

※この方法では，下絵をそのまま別の紙に写し取ることも，下紙を裏返して左右反転させて写し取ることもできます。
◎窓ガラスに写したい絵をセロハンテープ等で固定し，裏から鉛筆やフェルトペン等でなぞります。下絵の上に薄い紙（半紙等）を重ねてなぞり写すこともできます。
※ただし太陽が出ている側の窓は，直射日光で目を痛めるのでやめましょう。
◎トレース台を利用します。市販のものは高価ですが，私は個人的に右図のような装置を自作して使用しています。写し方は上で書いた方法に準じます。水平なので下絵の固定の必要はありませんが，重ねた紙に写す場合は，ずれないようにセロハンテープ等で留める方がよいでしょう。
◎天板が透明ガラスの机などがあれば，天板の下に蛍光灯などを置くことで，簡易トレース台として利用できます。

鉛筆カーボンコピーとは

※以下は，下絵を版木に写す時の手順です。（これだけでは左右反転できません。）
(1)下絵を裏返し，全体を2〜4Bの鉛筆で黒く塗りつぶします。これで鉛筆による「カーボン紙」ができました。
(2)塗りつぶした面を版木に向けて重ね，一辺をセロハンテープまたはステープラーで動かないように固定します。
(3)赤のボールペンで線をなぞります。太い線の部分は，中央をなぞるのではなく，端をなぞり，間を斜線で塗りつぶします。ときどき紙をめくってみて，確かめながら作業を進めます。
(4)なぞり終わったら，下絵の固定を外します。どうですか，見事に写っていますね。
※下絵の線が無い部分の裏は塗りつぶす必要がありません。
※先のとがった道具なら何でも写し取れますが，色付きのペンを使うことで，なぞった所がわかりやすくなります。
※カーボン紙のカーボンとは炭素のことです。鉛筆の芯の原料ですから原理は同じです。ただし，「カーボン鉛筆」という名前で売られている鉛筆は，この手法に向いていません。
※この手法は，日本画の下絵を描く時に使われることがあると聞いたことがあります。

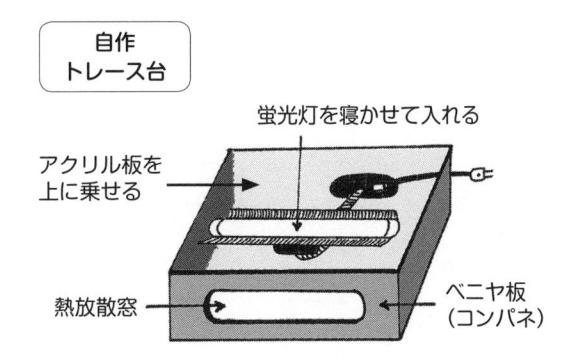

自作
トレース台

蛍光灯を寝かせて入れる
アクリル板を上に乗せる
熱放散窓
ベニヤ板（コンパネ）

流し台等の上に用いる簡易な蛍光灯のカバーを外したものを使用してもよいでしょう。

おわりに

最後に，文中で十分に伝えられなかったことを補わせてください。

"塗る" と "置く"

前著では，「私達は，色を"塗る"とは言わないで"置く"と表現している」と書きました。"塗る"という表現では，ペンキで壁をのっぺりと塗る時のようなイメージが伝わるのではないかと危惧したからです。そこで，平坦に塗るのではないということを強調しようとして"置く"という表現を使ってきました。しかし，"色を置く"という表現は一般的ではないと考え，本書では"塗る"と表記しています。ただ，彩色する場面において"置く"と表現した方が適当だと思われる場合には，あえて"置く"と記しています。

作品制作にかける時間

学校現場において，一枚の絵を仕上げるために十分な時間をとることのできない実情は，教職経験者でもある私たちはよく知っています。そこで，本書では，できる限り短時間で仕上げる方法についても触れてきました。

しかし，"基礎・基本を学ぶ"だけでも相応の時間を要します。ましてや「心を打つ作品」「思いの伝わる作品」にまで仕上げるとなれば，短時間でできるわけはありません。

実践を続けていくうちに，短時間で済ませてもよい課題と，時間をかけさせたい課題とが自然に見分けられるようになると思います。どちらの指導法も知っていれば，臨機応変に指導することができるでしょう。

"発達" とは階段を1段ずつ上ること

私たちの教室は，1年生から6年生までの複式学級のようなものです。一人ひとりの取り組む課題もみんな違っています。図工に関する経験も，個々の性格も異なります。したがって，全員が同じレベルの絵を描くことを求めてはいません。大切なことは，個々の現在の段階から，1段だけ高く引き上げることです。一度に階段を3段も4段も上らせようとしても苦痛なだけです。きっと図工嫌いにしてしまうことでしょう。もちろん個々の子どもの1段の高さがそれぞれ異なることは言うまでもありません。これは他の教科でも同じですね。学校の一斉授業では個々の特性に合わせた指導には限界があるかもしれませんが，ときに振り返ってくだされればと思います。

具体的にほめる

漠然としたほめ言葉では伝わりません。例えば机間巡視の中で，「パスをはみ出さないように丁寧に塗れましたね。中もむらなく塗るともっとよくなるかも」とか「ここの力強い線が木の生命力を感じさせてとってもいいね。最後にすっと筆の先を浮かせるようにするとどうなるかな」などと具体的に良いところを指摘して，さらに1段高い所に上れるように導いてあげてください。「はじめに」の経験談でも触れましたが，自信を持つことはその後の人生を左右するくらい大切なきっかけになります。絵に限りませんが，子どもたちのどんな小さな良いところでも見逃さない目を持てるよう，私たちも取り組みを続けてまいります。

【掲載作品の児童名】（縦にあいうえお順）

秋田　陽斗	置塩こころ	高橋　利奈	永濱　綾乃	森川　葉月
浅田　大輔	奥　　梓水	田口　仁紀	永濱　茉里	森脇　啓太
阿部　　剣	奥　　柚葉	竹内　　響	仁木　七海	森脇　知之
池田　　希	小田亜佳里	多田　賢人	仁木　柚希	八木彩里佐
石井　真奈	小田さなみ	多田　和平	西久保瑠蒼	八木美咲希
石川　愛理	加尻みな子	田中みいな	林　幸太朗	柳井　梨那
石本　航大	加藤　理世	田中ゆかり	林　　大義	柳本　歩瑠
出水　紀衣	鎌田　菜々	田中　　椋	原　　珠希	柳本　和廣
磯野　湊仁	神薗　咲季	田靡帆月歌	原　　菜緒	山下　修司
伊藤　大騎	神原　一心	谷口　愛深	平井　花怜	山手茜可利
井上　和樹	神原　美羽	谷口　愛結	平田　簾怜	山手恵未李
井上　未捺	岸上奈七星	田端ひまり	福岡　　舞	山根　優哉
伊能はる香	北野のぞみ	田村　謙成	福田　新太	山本　結音
岩木　沙織	櫛部穂乃花	塚田　真菜	福田　一颯	山本　力也
岩瀬真菜美	櫛部莉乃香	土田　玲湖	福田　大翔	山本　莉子
上元　郁弥	倉橋　里枝	土屋　結布	福田　莉子	行田　糸織
上元　真大	黒岩　　愛	筒井　咲帆	藤田　瑛士	横田　晏那
上元　佑太	黒田　知里	筒井　未来	堀田　晃弘	吉田　綺花
魚橋　賢司	黒田　玲奈	中川　　優	増田　陽紀	吉田　大成
鵜野　貴斗	河野　衣美	中津　智絵	松浦　海央	吉田　拓弥
浦川　　晶	小柳　優清	中農　日菜	松浦　鈴子	吉田　萌子
大槻　千翔	坂井　　陽	中正　郁美	松岡　希林	劉　　楓音
大槻　ひな	櫻井　菜乃	中正　成美	松本　彩葉	劉　　大地
大野　蒼生	笹川　真由	中村　遥花	松本　果穂	和田　琴羽
大野　輝吉	定道　侑子	中村　悠斗	松本　美柚	和田　仁翔
大畑　安正	定道　和奏	長田　光誠	丸山　千聡	和田　舞花
大原みなみ	佐藤　陽亮	長田　潤大	三尾　琥珀	
大原　　萌	清水　　恵	長田　響生	道行　汐奈	
岡田　怜大	赤藤　桃季	長田　姫子	村上　まこ	
岡本　基明	新海　沙和	永野　ひな	村上　桃瑠	

【著者紹介】

松村　進（まつむら　すすむ）
神戸大学教育学部卒。小学校教諭として37年間勤務。その内，姫路市教育委員会指導主事（6年間）を含め33年間「人権教育」に携わる。2002年，姫路市立小学校長を最後に退職し，妻と，絵画工作陶芸教室「山のふもとの創作館『ひだまり』」を始める。

【部分執筆】
『図工科ニューヒット教材集』（①〜⑤）東山明監修（2010）
『目指せ！図工の達人　基礎・基本をおさえた絵の指導のコツ』松村陽子と共著，東山明監修（2014）（以上，明治図書）

松村陽子（まつむら　ようこ）
神戸大学教育学部卒。小学校教諭36年間，その内17年間を図工専科として勤務。2002年退職し，夫と，絵画工作陶芸教室「山のふもとの創作館『ひだまり』」を始める（館長）。

【著書】
『基礎・基本をおさえた絵の指導』（2004）

【部分執筆】
『学年別図工科ヒット教材集』（1〜6年）東山明監修（1995）
『作って遊ぶアイデア集』（8，9）東山明編（1996）
『図工科ニューヒット教材集』（①〜⑤）東山明監修（2010）
『目指せ！図工の達人　基礎・基本をおさえた絵の指導のコツ』松村進と共著，東山明監修（2014）（以上，明治図書）

目指せ！図工の達人
基礎・基本をおさえた絵の指導　短時間指導編

2016年5月初版第1刷刊　著　者　松　村　　　進　Ⓒ
2021年9月初版第3刷刊　　　　　松　村　陽　子
　　　　　　　　　　　　発行者　藤　原　光　政
　　　　　　　　　　　　発行所　明治図書出版株式会社
　　　　　　　　　　　　　　　　http://www.meijitosho.co.jp
　　　　　　　　　　　　（企画）及川　誠（校正）西浦実夏
　　　　　　　　　　　　〒114-0023　東京都北区滝野川7-46-1
　　　　　　　　　　　　振替00160-5-151318　電話03(5907)6704
　　　　　　　　　　　　ご注文窓口　電話03(5907)6668
＊検印省略　　　　　　　組版所　藤原印刷株式会社

本書の無断コピーは，著作権・出版権にふれます。ご注意ください。

Printed in Japan　　　　　　　　　ISBN978-4-18-226920-2

もれなくクーポンがもらえる！読者アンケートはこちらから　→